Generationenmanagement in Arzt- und Zahnarztpraxis

T0236050

Isabell Lütkehaus · Stephan F. Kock

Generationenmanagement in Arzt- und Zahnarztpraxis

Von Jung bis Alt ein starkes Team

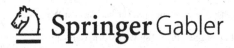 Springer Gabler

Isabell Lütkehaus
Luetkehaus.Berlin
Berlin, Deutschland

Stephan F. Kock
Kock + Voeste Existenzsicherung für die
Heilberufe GmbH
Berlin, Deutschland

ISBN 978-3-658-29529-5   ISBN 978-3-658-29530-1   (eBook)
https://doi.org/10.1007/978-3-658-29530-1

Die Deutsche Nationalbibliothek verzeichnet diese Publikation in der Deutschen Nationalbiblio-
grafie; detaillierte bibliografische Daten sind im Internet über http://dnb.d-nb.de abrufbar.

Planung/Lektorat: Margit Schlomski
Springer Gabler ist ein Imprint der eingetragenen Gesellschaft Springer Fachmedien Wiesbaden
GmbH und ist ein Teil von Springer Nature.
Die Anschrift der Gesellschaft ist: Abraham-Lincoln-Str. 46, 65189 Wiesbaden, Germany

Vorwort

Wie kommt man dazu, ein Buch mit dem Titel: „Generationenmanagement in der Arzt- und Zahnarztpraxis – Von Jung bis Alt ein starkes Team" zu schreiben? Die Idee dafür lebte schon lange in uns. Die Beratungserfahrungen, die wir tagtäglich machen und gemacht haben, sprachen dafür. Erste Recherchen zum Thema verdeutlichten, dass es im ambulanten Gesundheitswesen dazu keine Literatur gab. Die Menschen, mit denen wir zu tun hatten und haben, ließen uns ein ums andere Mal erleben, dass die Zusammenarbeit von Generationen ein Thema in Arzt- und Zahnarztpraxen ist. Häufig begleiteten wir Praxen, in denen mehr als drei Generationen unter einem Dach arbeiteten, mit ganz unterschiedlichen, vielfältigen Ansätzen und Ideen für eine passende Zusammenarbeit.

Die vielerorts beschriebene Überalterung der Gesellschaft macht auch vor unseren Mandanten und Mandantinnen nicht halt. Konzepte für das Finden und Binden von Mitarbeiterinnen und Mitarbeitern scheint es nur begrenzt zu geben. Trotzdem oder gerade deswegen gilt: Mitarbeiterinnen und Mitarbeiter verzweifelt gesucht. Die Praxisinhaber und Praxisinhaberinnen werden auf die Rolle in der Führung ihres Personals oder von Arzt- und Zahnarztpraxen nicht vorbereitet. Viele Konflikte in Praxisteams werden ausgesessen, verleugnet oder übergangen. In der Folge wechseln Mitarbeitende den Arbeitgeber oder verlassen das Berufsfeld. Die Arbeit mit unterschiedlichen Generationen ist eine Herausforderung für eine erfolgreiche Zukunftsgestaltung in Arzt- und Zahnarztpraxen.

Mit diesem Buch möchten wir gemeinsam mit Ihnen, dem Leser und der Leserin, darauf schauen, welchen Einfluss die demografische Entwicklung auf das Berufsbild von Mitarbeiterinnen und Mitarbeitern hatte, hat und haben wird. Denn wir werden älter und es gibt immer weniger Jüngere. Erfahren Sie, welche Vielfalt aktuelle Generationen in den bestehenden Praxen vertreten und zukünftig vertreten werden. Da sind Generationenkonflikte vorprogrammiert und Sie werden erleichtert sein, in diesem Buch praktische Hinweise für den Umgang mit solchen Herausforderungen zu finden. Dass Praxismanagement Arbeit bedeutet und zwar eine Arbeit, die sich von Medizin und Zahnmedizin unterscheidet, ist klar. Was eine solche Arbeit benötigt und welche Hauptaufgaben sich daraus für das Management von Generationen ergeben, erfahren Sie hier.

Arbeitsorganisation ist mehr als die Abgabe lästiger Aufgaben. Dahinter steckt die Idee, die Arbeit in Praxen so zu organisieren, dass die Vielfalt von Generationen unter einem Praxisdach arbeiten kann und will. Dies gelingt vor allem durch eine stimmige Führung. Eine Führung, die den Ansprüchen verschiedener Generationen gerecht wird und nicht alles über einen Kamm schert. Gute Teamarbeit berücksichtigt dies und geht folgerichtig auf die unterschiedlichen Bedürfnisse ein. Auch modernes Praxismanagement altert. Dies bedeutet, dass die Erfolgsrezepte der Vergangenheit nicht zwangsläufig auch heute funktioniert. Es braucht andere, neue und passende Ideen für eine mitarbeiterorientierte, generationengerechte Praxisführung.

Wie Sie einen solchen Weg einschlagen und Ihr eigenes Generationenmanagement auf den Weg bringen möchten, wird Ihnen dieses Buch mit seinen praxistauglichen Geschichten, bewährten Checklisten und Leitfäden dafür eine Hilfe sein.

Ach ja, wir haben uns dazu entschieden, in diesem Buch bewusst – obwohl oder weil es Ihren Lesefluss unterbrechen kann – zu gendern. Das bedeutet, dass wir die männliche und weibliche Form gleichberechtigt nutzen. Denn die Berufsbilder von Medizinischen Fachangestellten (MFA), Zahnmedizinischen Fachangestellten (ZFA) oder Zahnmedizinischen Verwaltungsangestellten (ZMV) sind durch und durch weiblich geprägt und beschrieben. Nur circa zwei Prozent der Mitarbeitenden in Arzt- und Zahnarztpraxen sind Männer. Wir sind uns darüber im Klaren, dass es keine richtige Form des Genderns gibt. Dennoch möchten wir unseren Anteil zur Geschlechtergerechtigkeit beitragen. Das bedeutet explizit, dass wir alle Geschlechteridentitäten mitdenken und mitumfassen. Danke. Daher gilt ab jetzt: Mitarbeiter*innen.

Berlin   Dr. Isabell Lütkehaus
den 30. November 2020   Stephan F. Kock

Danksagungen

Unser Dank gilt allen Mitstreiter*innen ... So oder so ähnlich könnte man schreiben. Das wäre aus meiner Perspektive langweilig und gewöhnlich. Zudem stelle ich mir die Blicke vor, die ich von meiner Co-Autorin, Frau Dr. Lütkehaus, meiner Mitarbeiterin Petra Weiß, meiner Familie, meinen Freunden und Bekannten erhielte. Diese Blicke würden alle sagen, das passt so nicht zu dir. Stimmt!

Ehrlich ist, dass ich glücklich, erleichtert und zufrieden bin, dieses Projekt mit charmanter, intelligenter, stets positiver, aber auch kritischer Begleitung schreiben zu dürfen. Das freut mich sehr. Dankeschön!

Es war mehr Arbeit als erwartet. Es war anspruchsvoller als vermutet. Es war passender als gedacht, aber es war eine gute Entscheidung.

Stephan F. Kock

Dankeschön Stephan, dann übernehme ich sehr gern und aus tiefstem Herzen die „langweiligen und gewöhnlichen" Danksagungen. Dabei geht mein größter Dank an dich, meinen charmanten Co-Autoren: Für deine Initiative und deinen Mut, dieses Buch mit mir zu schreiben, für deinen unbezahlbaren Erfahrungsschatz, deine Offenheit für Anregungen und deinen einzigartigen Schreibstil. Dankeschön an meinen liebevollen Partner, meine großzügigen Freunde und meine verständnisvolle Familie. Herzlichen Dank an alle Klient*innen, die sich uns anvertrauten und uns zum Thema Generationen praktische Erfahrungen sammeln ließen. Dankeschön Nora Zumdick für das interessante Interview zu Ihrer Apo-Bank-Generationen-Studie. Und herzlichen Dank an die KOCK + VOESTE GmbH, insbesondere Christina Huhn und Petra Weiß für die großartige Unterstützung beim Erstellen dieses Buches.

Dr. Isabell Lütkehaus

Inhaltsverzeichnis

Über die Autoren

Dr. Isabell Lütkehaus arbeitet als Mediatorin (BM, BAFM), Supervisorin und Coach (DGSv) mit Geschäftsführer*innen, Vorständen, Gesellschafter*innen, Familien und Teams. Die promovierte Rechtsanwältin ist Ausbilderin für Mediation und Coaching sowie Trainerin für Kommunikation, Teamentwicklung, Verhandlungen und Konfliktmanagement. Unternehmer*innen und Führungskräfte schult sie in Konfliktkompetenz sowie der Führung sämtlicher Generationen und begleitet sie bei der Einführung umfassender Konfliktmanagementsysteme (www. luetkehaus.berlin). Isabell Lütkehaus bietet interaktive Generationenworkshops an und veröffentlichte im Mai 2020 im Haufe Verlag den Titel *Cross Generational Intelligence*.

Als freie Mitarbeiterin der KOCK + VOESTE GmbH trainiert und begleitet Frau Dr. Lütkehaus Praxisinhaber*innen und deren Teams, wobei ihr Schwerpunkte auf der Entwicklung von Führungskräften, Trainings und Supervision von Teams sowie Mediation bei Konflikten liegt.

Email
info@luetkehaus.berlin

Stephan F. Kock ist Mitinhaber und Geschäftsführer der KOCK + VOESTE GmbH (www.kockundvoeste.de). Er ist Sanierungsberater (KMU), Supervisor (DGSv), Systemischer Coach (SG) und Prozessbegleiter (BiF), Mediator (IHK, Steinbeis-Akademie), Qualitätstrainer (EFQM, QEP), Moderator und OE-Entwickler (FAKD) und genoss eine seelsorgerliche Ausbildung (HdK). Seit mehr als 30 Jahren begleitet er Praxisinhaber*innen, Führungskräfte und Mitarbeiter*innen im ambulanten Gesundheitswesen. Er arbeitet als Ausbilder, Autor und Berater für Kommunikation, Führung, Teamentwicklung, Verhandlung und

Mediation. Er begleitet Veränderungs- und Entwicklungsprozesse, vornehmlich im Gesundheitswesen.

Zusammen bieten *Isabell Lütkehaus und Stephan F. Kock* Vorträge und Workshops zum Thema Generationen an. Für die KOCK + VOESTE GmbH entwickelten sie gemeinsam ein umfassendes Training samt Supervision für Führungskräfte von Arzt- und Zahnarztpraxen.

Email

s.kock@kockundvoeste.de

Abbildungsverzeichnis

Tabellenverzeichnis

Prolog

1

Es war einer dieser Tage, an denen man nicht Fisch und nicht Fleisch ist. Es regnete sich ein. Der Himmel war grau. Es war klamm, frisch, um nicht zu sagen fast kühl. Eigentlich gut, um die Decke nochmal über den Kopf zu ziehen, sich zu verkriechen, nichts zu tun und die Aussichten wie eine Welle über sich schwappen zu lassen. Morgen ist auch noch ein Tag.

Doch das Handy klingelte und der Zahnarzt, Dr. Müller (Name erfunden, geboren 1959), war am anderen Ende der Leitung. Es hätte so schön werden können, dachte sein Berater.

„Sie glauben ja nicht, was dieser junge Kollege ..." , kein Gruß, keine Förmlichkeiten, gleich drauflos ... „Er ist wirklich nicht gerade ein Arbeitstier, um nicht zu sagen, er ruht sich aus auf seiner faulen Haut."

Müller schnaubte vor Wut, Zorn, Enttäuschung.

„Ich", setzte Müller fort, „ich habe gelernt, dass man das Brot im Schweiße seines Angesichtes isst. Für mich ist es selbstverständlich, 50 bis 60 h in der Woche zu arbeiten. Arbeit ist eben das halbe Leben. Und der Kollege", gemeint ist Dr. Schlosser; geboren 1985 „arbeitet 40, vielleicht mal 45 h in der Woche und nach eigenem Bekunden nochmal drei bis vier Stunden von zu Hause aus. Homeoffice ... Wer weiß, was er da anstellt. Er ist der Auffassung, er wolle arbeiten, um zu leben, seinen Kindern ‚was bieten' zu können." Kollege Schlosser war geschieden. „Wissen Sie, was Schlosser gesagt hat? ‚Wieso schwitzen beim Essen, es schmeckt auch so.'"

Müller klang völlig glaubwürdig und überzeugt. Ja, so kannte wir ihn. Immer strebsam. Immer schaffen. Immer unterwegs. Schlafen kann man, wenn man tot ist. Ein Spruch seiner Generation. Ich konnte Müller gut verstehen. Ich war ähnlich erzogen worden: Erst die Arbeit, dann ...

© Der/die Autor(en), exklusiv lizenziert durch Springer Fachmedien Wiesbaden GmbH, ein Teil von Springer Nature 2021
I. Lütkehaus et al., *Generationenmanagement in Arzt- und Zahnarztpraxis*,
https://doi.org/10.1007/978-3-658-29530-1_1

Wie kommt man zu einem Thema wie „Generationenmanagement in der Arzt-
und Zahnarztpraxis"? Wir dürfen sagen, aus Erfahrung. Uns begegnen Generati-
onsfragen auf Schritt und Tritt in und bei der Arbeit. Immer häufiger entscheiden
sich „jüngere" Mitarbeiter*innen für eine andere Praxis, eine zu ihren Vorstellungen passende Praxiskultur, einen wertschätzenderen Umgang miteinander. Zudem
fehlen immer häufiger bereitwillige, geeignete, engagierte Mitarbeiter*innen und
Auszubildende. Dies belegen auch Zahlen aus einer Studie von Pricewaterhouse-
Coopers und dem WifOR zum Fachkräftemangel im Gesundheitswesen bis zum
Jahr 2030 (PricewaterhouseCoopers 2010): Dort wird beschrieben, dass in 2020
ca. 140.000 Mitarbeiter*innen mehr benötigt werden als zur Verfügung stehen
und diese Zahl bis in das Jahr 2030 auf 786.000 Menschen ansteigen wird. Mit
Fug und Recht darf man sagen: Mitarbeiter* innen verzweifelt gesucht!

Die heutigen jungen Menschen, die schon im Beruf stehen oder in den selbi-
gen streben, konfrontieren die Praxisinhaber*innen mit Wünschen, Bedürfnissen,
Erwartungen, die allesamt anders sind als die, die diese Inhaber*innen selbst
haben. Nicht besser. Nicht schlechter. Einfach anders. Die Werte haben sich verändert. Die Arbeitswelt hat sich mit verändert. Und nein, das wächst sich nicht raus.
Vielmehr ist es so, dass dieses Buch Ihnen, verehrte Leserin, und Ihnen, verehrter
Leser, einen Zutritt ermöglichen möchte, damit Sie Mitarbeiter*innen nicht nur
finden, sondern auch binden können. Oder mögliche Nachfolger*innen – seien
sie nun vorab Partner*innen oder nicht – halten und überzeugen können. Auch
hier zeigen die Zahlen von PricewaterhouseCoopers und dem WifOR deutlich die
bestehende Dramatik auf: Fehlen in 2020 ca. 56.000 ärztliche Vollzeitkräfte in
Klinik und Praxis, so werden es 2030 ca. 165.000 sein (PricewaterhouseCoopers
2010).

Daher wirft dieses Buch Fragen auf, wie: „Wie muss man als Praxisinhaber*in
denken, fühlen und handeln, damit Mitarbeiter*innen sich für den Wettbewerber,
die Wettbewerberin entscheiden?"

In diesem Zusammenhang klären wir für Sie Denkansätze wie Generation,
Mehrgenerationenpraxis, Werte, Haltung, Einarbeitung, Arbeitsorganisation, Mitarbeiter*innenführung, Kommunikation u. v. m. Dies, um Verständnis dafür zu
fördern, was das Problem gegenwärtig bereits ist und zukünftig noch sehr viel
deutlicher sein wird.

Mal angenommen, dass die Situation sich wie abgebildet entwickeln würde,
wie sähe dann ein geeigneter Lösungsraum aus? Oder besser: Wie müsste man
als Praxisinhaber bzw. -inhaberin denken, fühlen und handeln, damit Menschen
zu einem kommen und bleiben? Was wird schon erfolgreich von Kolleginnen
nen und Kollegen getan? Wie hilft die Steigerung der Effizienz? Wie kann die

Arbeitsfähigkeit bis zum Rentenalter gewährleistet werden? Welche Arbeitszeit-modelle gibt es zukünftig? Was muss sich in der Ausbildung verändern? Was ist möglich, um sich von lästigen Verwaltungs- und Dokumentationsaufgaben zu entbinden? Wie können z. B. Werte und Kommunikation dabei behilflich sein, Mitarbeiter*innen zu gewinnen und die, die da sind, zu binden?

Eines ist uns während unserer Arbeit für Kolleginnen und Kollegen von Ihnen immer wieder begegnet: „Es gibt nichts Gutes, außer man tut es." Es geht also darum, dass Sie selbst eine Entscheidung für die Zukunft treffen und die Dinge anstoßen oder umsetzen, die hilfreich sein können oder werden. Es geht darum: Altes loszulassen. Sich von wenig hilfreichem Verhalten zu verabschieden. Krea-tivität für andere Wege zu nutzen. Die entstehende Unruhe, z. B. moderiert, auszuhalten. Erneuerung zu stärken und Erfolge zu verankern.

Unsere Thesen zu einem gelingenden Generationenmanagement in der Arzt- und Zahnarztpraxis lauten:

1. Die Fähigkeit zur Führung von Mehrgenerationen-Belegschaften wird zu einem entscheidenden Wettbewerbsvorteil für die Praxis.
2. Generationenmanagement dient der Positionierung als attraktive*r Arbeiterge-ber*in bei allen Mitarbeiter*innen.
3. Gesundheitsmanagement ist wichtig, reicht allein aber nicht aus.
4. Talentmanagement muss hinsichtlich Ausrichtung und Tools künftig anders gedacht werden.
5. Führung muss Sinn vermitteln und kostet Zeit.
6. Individualisierung der Arbeitsbedingungen und persönliche Wertschätzung werden zu entscheidenden Attraktivitätsfaktoren von Arbeitgebern und Arbeit-geberinnen.
7. Generationenmanagement verlangt eine und führt zu einer Weiterentwicklung der Praxiskultur in Richtung Mitarbeiter*innenorientierung.

Müller war ruhiger geworden, nachdem er erst einmal seinen Ärger losgeworden war. So konnte es nicht weitergehen, das war Müller klargeworden.

*Das Ohr seines Beraters und dessen Fragen hatten ihm geholfen, klarer zu sehen und auch seine Anteile an der Situation zu erkennen. Er würde das Gespräch mit seinem Partner und Kollegen suchen, um gemeinsam daran zu arbeiten, die Zukunft der Praxis, der Mitarbeiter*innen und die eigene Zukunft zu sichern. Das würde sicher spannend werden. Nicht nur für Müller, wie dieser sagte, sondern auch für alle Beteiligten.*

Es war gut für Müller, zu hören, dass es nicht um „richtig" oder „falsch" ging, sondern um „anders". Es muss doch in der Selbstständigkeit möglich sein, so zu arbeiten, dass alle beteiligten Menschen zufrieden sein können. Eben: Jung bis Alt ein starkes Team.

Die Praxis war wie viele andere Praxen auch, nichts Besonderes. In einer Stadt irgendwo in Deutschland. Nicht zu groß. Nicht zu klein. Normale Verhältnisse halt und eine gute Lebensqualität. Müller lebte gern hier und Schlosser auch. Müller hatte die Praxis von Schmidt erworben. Damals erschien ihm das die beste Möglichkeit zu sein. Immer in der Zahnklinik, das war keine Alternative für ihn. So konnte Müller nach dem Ausscheiden Schmidts sein Ding machen. Froh, Biggi, seine erste und beste, Mitarbeiterin gefunden und gebunden zu haben. Die Praxis stellte sich aktuell als Berufsausübungsgemeinschaft dar. Berater hatten ihm zwar mit der Gründung eines MVZ in den Ohren gelegen, aber Müller hatte sich dagegen entschieden, weil er einen Satz, den er irgendwo aufgeschnappt hatte, richtig fand: „Größe allein ist keine Geschäftsidee. " So kam es dazu, dass Schlosser sein Partner wurde und die Praxis gewachsen war und etwas hermacht.

*Zusammen hatten sie in ihrer Berufsausübungsgemeinschaft sieben Mitarbeiter*innen, deren Alter bis zu 36 Jahre auseinanderlag und die so mehrere Generationen repräsentierten. Manchmal ein Sack voller Flöhe, dann wieder ein Geschenk des Himmels.*

Demografische Entwicklung – oder: Wir werden älter und es gibt weniger Junge

Was waren Müller und Schlosser froh, als sie Marie gefunden hatten und an sich binden konnten. Der entscheidende Tipp kam damals von Hanna. Sie kannte Marie aus der Schulzeit und von gemeinsamen Feiern. Feiern war wichtig für die beiden. Da gab es immer was zu schauen, Spaß machte es auch und überhaupt waren sie jung und hatten stets einen Anlass für Feiern. Dass sie Hanna einen Tipp gegeben hatte, hatte vermutlich viele Gründe: Sie kannte Marie, sie wollte einen Menschen an ihrer Seite haben, mit dem sie gut konnte. Die anderen Kolleginnen waren schon viel älter, hatten andere Probleme und oft kein Verständnis für Hanna.

Obwohl Müller und Schlosser damals viel Wert und Aufmerksamkeit auf die Stellenausschreibung legten, kam es zu keiner wirklich guten Bewerbung. Sie hatten die Stelle auf ihrer Website gepostet, bei der Kammer einen Aushang gemacht, das Jobportal der KZV genutzt. Patienten und Patientinnen wurden angesprochen, die sozialen Medien wurden genutzt, es gab ein Bewerbungsvideo, auf dem Hanna für die Praxis und eine Bewerbung in derselben warb und letztendlich gab es eine Prämie für eine erfolgreiche Vermittlung. In der Praxis stellte man sich dennoch darauf ein, dass es keine weitere Unterstützung geben würde.

Auch Kollegen und Kolleginnen aus anderen Praxen berichteten, dass es kaum Bewerbungen gab und wenn, dann passte es nicht, weil die Lohnentwicklungen nicht in den Himmel stiegen, die Arbeitszeiten nicht wirklich attraktiv waren, die Arbeitszeitmodelle eher starr waren und wohl auch noch sind, die Arbeitsplätze nicht cool waren, Digitalisierung nicht stattgefunden hatte und so weiter und so fort. Und dann, dann kam Marie.

Müller und Schlosser lernten aus dieser Situation, dass sie dringend die Attraktivität des Arbeitsplatzes und der Stelle erhöhen mussten, was sie auch gemeinsam

I. Lütkehaus et al., *Generationenmanagement in Arzt- und Zahnarztpraxis*, https://doi.org/10.1007/978-3-658-29530-1_2

mit ihren Mitarbeiterinnen taten. Ohne diese Erfahrung gäbe es heute viele Neuerungen in der Praxis vermutlich nicht. So aber bietet die Praxis heute Schichten mit Gleitzeit, Jobrotation, Fortbildungsmöglichkeiten – auch extern – regelmäßige Gehaltsanpassungen, Zielvereinbarungen für jede Stelle, Teamsitzungen, Mitarbeiter*innengespräche, Diensthandys, Visitenkarten, sogar Einkaufsrabatte über eine Einkaufsgemeinschaft u. v. m. Dies alles gibt es für selbstverständlich jede Mitarbeiterin.

2.1   Entwicklungen der letzten Jahre

Die seit dem Zweiten Weltkrieg in Deutschland Geborenen werden in fünf Generationen eingeteilt (s. Abb. 2.1). Einige Vertreter*innen der Nachkriegsgeneration sind derzeit noch als Heilberufler*innen tätig; Angestellte dieser Generation befinden sich bereits seit mehreren Jahren im Ruhestand. Den Großteil der Mitarbeiter*innen und Inhaber*innen von Arzt- und Zahnarztpraxis stellt derzeit die Generation der Babyboomer. Selbst bei längeren Lebensarbeitszeiten aufgrund späteren Renteneintritts gehen die Angestellten unter ihnen bis 2030 in Rente, die Inhaber*innen arbeiten möglicherweise noch ca. zehn Jahre länger. Das

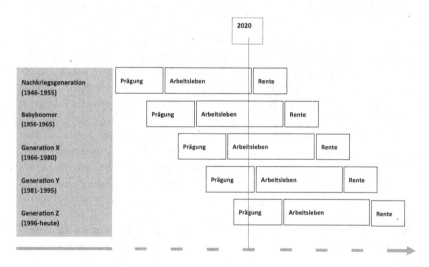

Abb. 2.1   Generationenmanagement. (Quelle: eigene Darstellung, inspiriert durch Klaffke, 2014)

Ausscheiden der Babyboomer führt zu einem erheblichen Rückgang der Erwerbs-bevölkerung, da alle nachfolgenden Generationen deutlich kleiner sind. Nach dem zweiten Weltkrieg führte die stabilisierte Gesamtsituation dazu, dass insgesamt sehr viel mehr Kinder geboren wurden, bis 1964, was als geburtenstärkster Jahr-gang in Deutschland überhaupt gilt. Ab da ermöglichte die „Antibabypille" eine gezielte Familienplanung und führte zum sogenannten Pillenknick: Die Geburten-raten sanken deutlich. Ab 1972 lag dann erstmalig die Sterberate in Deutschland höher als die Geburtenrate, es wurden also weniger Menschen jährlich geboren als starben. Die Deutschen werden seither insgesamt immer älter und immer weni-ger (s. Abb. 2.2 und 2.3). Auch der Zuzug zahlreicher, zum Teil sehr junger Geflüchteter kann dies nicht ausgleichen.

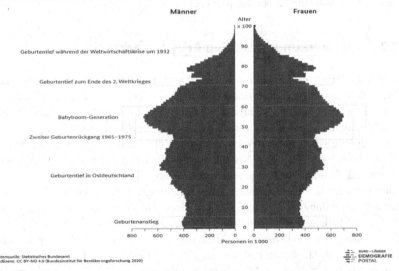

Abb. 2.2 Altersstruktur der Bevölkerung in Deutschland. (Quelle: Statisches Bundesamt, © BIB 2018, demografie-portal.de)

Altersstruktur der Bevölkerung, 1950–2060

2060: 14. koordinierte Bevölkerungsvorausberechnung, Variante 2
Datenquelle: Statistisches Bundesamt
Bildlizenz: CC BY-NO 4.0 (Bundesinstitut für Bevölkerungsforschung 2020)

BUND-LÄNDER
DEMOGRAFIE
PORTAL

Abb. 2.3 Altersstruktur der Bevölkerung in Deutschland, 1950–2060. (Quelle: Statisches Bundesamt, © BIB 2018, demografie-portal.de)

2.2 Auswirkungen auf den Arbeitsmarkt

Gehen die Babyboomer in den nächsten zehn Jahren mit all ihrer Erfahrung und ihrem Wissen in Rente, dann wachsen bereits aus demografischen Gründen deutlich weniger qualifizierte Mitarbeiter*innen und Heilberufler*innen nach. Durch den Wegfall der Babyboomer werden zahlreiche Kassensitze frei bleiben, Arztpraxen endgültig geschlossen werden und Stellen nicht neu besetzt werden können. Die nachfolgende Generation X steht zwar für die Übernahme von Führungspositionen und Kassensitzen/Arztpraxen bereit, ist aber eben sehr viel kleiner. Und es kann umfangreiches Wissen und großer Erfahrungsschatz verloren gehen, wenn keine Übermittlung an die nachfolgenden Generationen erfolgt (Abschn. 9.3).

Die Schließung von zahlreichen Arztpraxen und fehlende Neubesetzung von Kassensitzen kann außerdem zu Versorgungslücken in der Bevölkerung führen, insbesondere in ländlichen und strukturschwachen Gegenden. Die Generation X befindet sich derzeit in der Mitte ihres Berufslebens, sie hat noch einen langen Arbeitsweg bis zum späten Rentenalter (ab 2031) vor sich. Ihre Vertreter*innen sind etablierte Mitarbeiter*innen und Führungskräfte sowie niedergelassene und angestellte Heilberufler*innen. Die älteren Vertreter*innen der Generation Y sind ebenfalls bereits gut in Arzt- und Zahnarztpraxen etabliert, als Mitarbeiter*innen und Heilberufler*innen, die jüngeren befinden sich in der Endphase von Ausbildung und Studium und steigen gerade ins Berufsleben ein. Die derzeit jüngste Generation Z befindet sich noch in der Ausbildung, Berufswahlentscheidung oder, ihre älteren Vertreter*innen, momentan im Einstieg ins Berufsleben.

2.3 Fachkräftemangel

Untersuchungen gehen davon aus, dass in den nächsten Jahren in Deutschland drei bis sechs Millionen Arbeitskräfte fehlen, weil mehr Menschen in Rente gehen als nachwachsen. Sollten alle Rahmenbedingungen unverändert bleiben, dann geht man von sechs Millionen fehlenden Arbeitskräften aus. Immerhin noch drei Millionen würden fehlen, wenn das Renteneintrittsalter weiter deutlich erhöht würde, wenn die Mehrheit der nach Deutschland Geflüchteten bald Arbeit fände und wenn der Erwerbsanteil von Frauen weiter stiege und diese früher nach einer Babypause und in größerem Umfang ins Arbeitsleben zurückkehrten. Gerade im Gesundheitswesen nimmt der Fachkräftemangel rasant zu und so wird es immer schwieriger werden, gute Heilberufler*innen und Führungskräfte, qualifizierte Mitarbeiter*innen und geeignete Auszubildende zu gewinnen.

Selbst wenn infolge von Technisierung und Digitalisierung der Bedarf an einfacheren Tätigkeiten sinkt, werden zahlreiche Stellen in Lehrberufen unbesetzt bleiben, weil es sehr viel weniger potenzielle Auszubildende geben wird, z. B. als Arzthelfer*innen und Laborassistent*innen. Und weniger Studierende der jüngeren Generationen führen zu weniger Heilberufler*innen und Führungskräften. Dies belegen auch Zahlen aus einer Studie von PricewaterhouseCoopers und dem WifOR zum Fachkräftemangel im Gesundheitswesen bis zum Jahr 2030 (PricewaterhouseCoopers 2010). Dort wird beschrieben, dass in 2020 ca. 140.000 Mitarbeiter*innen mehr benötigt werden, als zur Verfügung stehen und diese Zahl bis in das Jahr 2030 auf 786.000 Menschen ansteigen wird. Quintessenz News veröffentlichte, dass „hinsichtlich der Ausbildungsplätze zur Zahnmedizinischen Fachangestellten (ZFA) bei den Agenturen für Arbeit laut Statistik der Bundesagentur für Arbeit (Bericht Juli 2018) 13.400 freie Ausbildungsplätze gemeldet worden sind" (Quintessenz News, ohne Jahr). Dabei sei die Tendenz der gemeldeten Ausbildungsplätze in den Gesundheitsberufen steigend, die Zahl der Bewerber*innen aber erneut rückläufig. Insgesamt waren für den

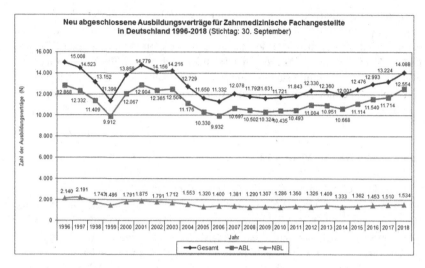

Abb. 2.4 Ausbildungsverträge für Zahnmedizinische Fachangestellte. (Quelle: Landes- und Bezirks-Zahnärztekammern, Grafik: BZÄK)

Gesundheitsbereich rund 26.500 Ausbildungsstellen für Arzt- und Praxishilfen gemeldet worden, 7400 davon waren noch unbesetzt (s. Abb. 2.4).

Möchten Arzt- und Zahnarztpraxen gute Mitarbeiter*innen finden, für sich gewinnen und lange halten, dann müssen sie über ihre Attraktivität als Arbeitgeber*innen nachdenken, und zwar nicht nur nach außen, sondern auch nach innen, durchgängig und konsequent in der gesamten Praxis. Denn in Zahnarztpraxen, so schildert das Magazin „DENTALteam" auf seiner Website, wird jede dritte ZFA-Ausbildung abgebrochen, auch weil die Arbeitsbedingungen sich nicht an den Bedürfnissen der Ausbildenden orientieren (DENTAL team 2015).

Professionelles und effizientes Recruiting werden essenziell, umfassende Onboarding-Prozesse (Abschn. 9.5.2) sowie ein gutes Betriebsklima und wertschätzendes Miteinander der Generationen wichtig. Für die Vertreter*innen der jüngeren Generationen bedeutet der Fachkräftemangel eine ganz neue Verhandlungsposition, sie können sich ihren Ausbildungsplatz und ihre Arbeitgeber*innen bereits jetzt aussuchen, sie stellen Forderungen und werden gehört, und sie ziehen schnell weiter, wenn sie sich nicht wohlfühlen. Auch ältere Mitarbeiter*innen und Heilberufler*innen haben aufgrund des Fachkräftemangels bessere Chancen am Arbeitsmarkt und die Loyalität gegenüber des Arbeitgebers bzw. der Arbeitgeberin nimmt infolge von Individualisierung der Gesellschaft und Flexibilisierung des Arbeitsmarkts ohnehin insgesamt ab. Daher orientieren sich zunehmend auch erfahrene Mitarbeiter*innen und Heilberufler*innen neu, wenn sie den Eindruck haben, die jüngeren werden ständig hofiert und sie hingegen für selbstverständlich genommen. Führungskräfte und Praxisinhaber*innen können lernen, sowohl die jüngeren als auch die älteren Mitarbeiter*innen und Heilberufler*innen zu einem Team zusammenzuführen und für ein gutes, arbeitsteiliges Miteinander der Generationen zu sorgen.

In einem ersten Schritt überlegen Arzt- und Zahnarztpraxen, mit welchem Verfahren sie die besten Bewerber*innen finden und auswählen können. Junge Arbeitskräfte erreicht man nicht mehr über Stellenanzeigen, sondern durch Ausbildungsmessen, gezielte Suche mit Headhunter*innen und Social-Media-Auftritten. Im zweiten Schritt überlegen Arzt- und Zahnarztpraxen, was sie Interessent*innen anbieten können, neben einer guten Bezahlung, die heute als selbstverständlich gilt (Abschn. 9.5.2).

Darunter fallen all die Faktoren, die helfen, Mitarbeiter*innen längerfristig an sich zu binden. Hierzu gehört zunächst ein umfassendes Onboarding, also sämtliche Maßnahmen, die eine gute Eingliederung neuer Mitarbeiter*innen in die Arzt- und Zahnarztpraxis fördern (Abschn. 9.5.2). Allen Generationen, aber verstärkt den jüngeren Mitarbeiter*innen, Führungskräften und Heilberufler*innen ist eine angenehme Arbeitsatmosphäre wichtig, ein positives Betriebsklima, ein respektvoller Umgang miteinander. Der höhere Erwerbsanteil von Frauen mit Kindern sowie ein modernes Vaterverständnis führen dazu, dass die Vereinbarkeit von Berufs- und Privatleben, insbesondere von Familie und Beruf, immer mehr eingefordert werden.

Da weniger junge Arbeitskräfte nachkommen, kann es für Unternehmen auch interessant sein, wie ältere Mitarbeiter*innen neu gewonnen werden. Gleichzeitig wissen auch diese um ihren gestiegenen Marktwert und sehen sich nach Alternativen um, wenn sie sich nicht mehr wohlfühlen. Altersteilzeit und flexibler Übergang in den Ruhestand können attraktiv sein, aber vor allem Wertschätzung und Respekt gegenüber der Lebensleistung, dem umfassenden Wissen und großen Erfahrungsschatz. Am bedeutsamsten für das Halten von Mitarbeiter*innen jeden Alters sind die Förderung des guten Miteinanders der Generationen, die Schaffung eines positiven Betriebsklimas, der Abbau von Vorurteilen, Neid und Ängsten und die Nutzung der Unterschiedlichkeiten als wertvolle Ressourcen in einem arbeitsteiligen Miteinander (Kap. 8).

Konsequenzen für Arzt- und Zahnarztpraxen: Mitarbeiter*innen ...

- gezielte Suche und Gewinnung,
- Arbeitgeberattraktivität steigern,
- Betriebsklima verbessern,
- jedes Alter einbinden und Zusammenarbeit zwischen den Generationen fördern.

Generationen in der Arzt -und Zahnarztpraxis – oder: Hab ich das auch?

3

Natürlich kamen in der Vergangenheit immer neue Patient*innen in seine Praxis und auch die Mitarbeiterinnen waren andere als zu Beginn. Als Müller anfing, hatte man als Praxisinhaber noch Mitarbeiterinnen, die eben mitarbeiteten. Heute hat man als Praxisinhaber Angestellte, die sich aus seiner Sicht viel zu oft anstellten. Aber, das war der Lauf der Zeit.

Wenn er an seine „Mädchen" dachte … Sein Partner sprach immer von den Angestellten bzw. Mitarbeiterinnen. Also wenn er an seine „Mädchen" dachte, dann dachte er an Biggi, Monika und Heidi, die alle Babyboomer und schon älter waren, genau wie er. Die drei mochte er am liebsten. Irgendwie hatten sie auch dieselben Ideen, vergleichbare Erlebnisse und Erfahrungen gemacht. Auch wenn er wusste, dass er eigentlich nicht nach Sympathie, sondern gleichberechtigt mit seinen Mitarbeiterinnen umgehen sollte. Mit Biggi, Monika und Heidi war Müller durch dick und dünn gegangen. Was war das für eine schöne Zeit, damals.

Bei Lisa, Sophia und Tatjana, die alle um die 15 Jahre jünger waren als er und sein „Mädchen", war das schon anders. Die drei gehörten der Generation Y an, wie ihm sein Berater mal erklärte. Klar waren sie alle als Helferinnen angestellt und verantwortlich. Aber sie waren schon anders als er. Sie hatten andere Erwartungen, Bedürfnisse, Ideen. Sie hatten eben auch andere Erfahrungen und Wünsche. Das wurde Müller letztmalig auf dem Grillabend deutlich. Lisa, Sophia und Tatjana standen auf andere Musik als er. Komisch.

Ja und dann waren da noch Hanna und Marie, die könnten Müllers Kinder sein. Die beiden waren nochmal sehr viel jünger als er. Nahezu 40 Jahre trennten sie. Hanna und Marie gehörten der Generation Z an, was er auch durch seine Berater erfahren hatte. Wer kam nur immer auf so merkwürdige Beschreibungen?

© Der/die Autor(en), exklusiv lizenziert durch Springer Fachmedien Wiesbaden GmbH, ein Teil von Springer Nature 2021
I. Lütkehaus et al., *Generationenmanagement in Arzt- und Zahnarztpraxis*,
https://doi.org/10.1007/978-3-658-29530-1_3

Und auch Schlosser, sein Partner, war irgendwie anders. Nun, er war zwar auch jünger als er selbst, aber er war doch auch Praxisinhaber. Er musste doch durch den gleichen Schlamassel durch wie er selbst. Schlosser war noch eine andere Generation, Generation Y. Er war geschieden, hatte zwei Kinder, die er allein erzog. Das hätte es zu seiner Zeit niemals gegeben. Aber Schlosser nutzte Fremdbetreuung und liebte sein Single-Dasein.

Ja, es stimmte, was er im Coaching mit seinem Berater erarbeitet hatte: In seiner Praxis arbeiteten vier Generationen unter einem Dach. Mal glücklicher und mal nicht. Insgesamt trennten ihn und seine jüngste Mitarbeiterin 20 Jahre (!) und eine ganze Weltanschauung.

3.1   Definition Generation

Eine Generation umfasst heutzutage Menschen von 15 aufeinanderfolgenden Geburtenjahrgängen (Mannheim 1928). Ihre gemeinsame zeitliche Verortung führt zu vergleichbaren prägenden Erlebnissen in Kindheit und Jugend sowie gleichartigen Auswirkungen von Sozialisationsbedingungen und gesellschaftlichen Umbrüchen. All dies beeinflusst das Denken, Wollen, Fühlen und Handeln jedes Einzelnen und wirkt sich umfassend auf dessen Lebens- und Arbeitseinstellung aus. Jede Generation zeichnet daher ein charakteristisches Persönlichkeitsmuster aus, eine typische Generationengestalt (Kring und Hurrelmann 2019, S. 13). Die gemeinsame generationale Werteklammer schafft ein Zusammengehörigkeitsgefühl innerhalb der Generation und führt gleichzeitig zu einer Abgrenzung von anderen Generationen. Besonders deutlich ist dies gegenüber der unmittelbar vorangehenden Generation erkennbar. Betrachtet man mehrere Generationen hintereinander, dann ist bezüglich mancher Werte hier eine Art Pendelbewegung zu sehen.

Untersuchungen zu Generationen und ihren typischen Werten und Eigenschaften sollen keine Schubladen öffnen oder Vorurteile schüren. Vielmehr dienen sie als Erklärungsansätze für wahrnehmbare Unterschiedlichkeiten. Und die Zugehörigkeit zu einer Generation ist nur eines von vielen Persönlichkeitsmerkmalen eines Menschen, neben Herkunft, Geschlecht, sozioökonomischem Hintergrund und zahlreichen anderen Facetten. Darüber hinaus wirken sich individuelle Intelligenz, Bildung und andere persönliche Fähigkeiten auf jeden einzelnen und sein Denken, Wollen, Fühlen und Handeln aus.

3.2 Generationsnahe Aspekte

Neben der Zugehörigkeit zu einer Generation gibt es weitere ähnliche, aber tatsächlich davon unabhängige Aspekte, die Herangehensweisen und Erwartungen von Heilberufler*innen und Mitarbeiter*innen beeinflussen können: Effekte des tatsächlichen Alters, die Bedeutung der aktuellen Lebensphase und die Relevanz der Dauer einer Betriebszugehörigkeit. Sie können Generationenunterschiede in der Wirkung verstärken, aber gleichzeitig auch als Ursache relativieren.

Allein schon durch den biologischen Alterungsprozess verändern sich Erwartungen und Herangehensweisen von Menschen, zusätzlich verstärkt durch die aktuelle Lebensphase (Kindheit, Jugend, frühes Erwachsenenalter, Lebensmitte, fortgeschrittenes Alter und Ruhestand) und die spezifischen Herausforderungen und Bedürfnisse, die diese mit sich bringt. Die Lebensphase, in der sich eine Person befindet, hängt mit ihrem Alter zusammen, aber nicht zwingend und stringent. Je jünger die Generation, desto größer ist die Varianz, zum Beispiel im Hinblick darauf, wann Familien gegründet, weitere Ausbildungen angegangen und Berufe gewechselt werden. Aufgrund der Liberalisierung unserer Gesellschaft und Flexibilisierung der Arbeitswelt nehmen atypische Lebensläufe und zyklische statt lineare Karrieren stetig zu.

Ein weiterer Aspekt, der mit dem Lebensalter einhergehen kann, aber nicht muss, ist die Betriebszugehörigkeit, also die Dauer, die eine Mitarbeiter*in für eine bestimmte Arzt- oder Zahnarztpraxis tätig ist. Sie hat neben arbeitsrechtlichen Aspekten vor allem praktische Auswirkungen: mehr Kenntnisse von Eigenheiten und Besonderheiten des Praxisablaufs, bessere Vernetzung mit Kolleg*innen sowie gute Anpassung an die Unternehmenskultur, und führt häufig zu informellen Hierarchien (Abschn. 8.1.3).

Alterseffekte fallen heutzutage sehr viel deutlicher auf, weil sich Schul- und Ausbildungszeiten verkürzt haben, sodass Mitarbeiter*innen deutlich jünger in den Beruf starten, und Berufstätige durch den späteren Renteneintritt länger arbeiten. Innerhalb der Belegschaft einer Arzt- und Zahnarztpraxis kann es daher einen Altersunterschied von bis zu 50 Jahren geben. Heilberufler*innen sind heute bei Berufseintritt einige Jahre jünger, wodurch ein wesentlicher Teil ihrer Sozialisationsphase und persönlichen Weiterentwicklung nicht mehr an der Universität, sondern in der Arzt- und Zahnarztpraxis stattfindet. Das Bedürfnis von Vertreter*innen der jüngeren Generationen nach persönlicher Fürsorge, engmaschiger Betreuung und klarer Orientierung könnte zumindest auch mit ihrem jüngeren Alter bei Berufsbeginn zusammenhängen. Und dadurch, dass Mitarbeiter*innen und Heilberufler*innen durch den späteren Renteneintritt länger arbeiten, treten Alterungseffekte deutlicher in Erscheinung.

Die von Arbeitgeber*innen oft gefürchtete Wechselfreudigkeit der jüngeren Generationen kann auch damit zusammenhängen, dass insgesamt die Wechselneigung im Alter abnimmt, auch aufgrund von sinkender Mobilität und steigendem Bedürfnis nach finanzieller Sicherheit, zum Beispiel aufgrund von Kindern und Wohnungseigentum. Also verstärkt durch die Lebensphase, die sogenannte „Rushhour des Lebens" mit zahlreichen privaten, finanziellen und beruflichen Verpflichtungen. Mitarbeiter*innen mit kleinen Kindern und ggf. schon wieder pflegebedürftigen Eltern sind außerdem weniger flexibel in Bezug auf Überstunden und Auswärtstermine als ein ungebundener junger Mensch, und haben möglicherweise eine höhere Motivation, an einem Beschäftigungsverhältnis trotz Schwierigkeiten festzuhalten. Individualisierung und Flexibilisierung führen zwar insgesamt dazu, häufiger das Beschäftigungsverhältnis im Laufe eines Berufslebens zu wechseln, dies wird allerdings verstärkt von jüngeren Arbeitskräften gelebt, die noch örtlich flexibler sind und um ihren hohen Marktwert wissen. Sie ziehen schnell weiter, wenn sie sich im Unternehmen nicht wertgeschätzt fühlen.

3.3   Gesellschaftlicher Wertewandel und wirtschaftliche Trends

Neben Individualisierung und Flexibilisierung spielen bei Herangehensweisen, Wertemustern und Erwartungen noch weitere aktuelle Trends sowie gesellschaftliche und politische Entwicklungen eine Rolle, wobei hier eine Wechselwirkung zu beachten ist. Junge Menschen werden durch die Trends und Entwicklungen geprägt, in denen sie heranwachsen, und prägen dann als Erwachsene wiederum die aktuellen Veränderungen. Auch wenn gesellschaftliche Entwicklungen und aktuelle Trends alle Generationen gleichermaßen betreffen, so reagieren diese doch unterschiedlich darauf. Die beiden jüngeren Generationen Y und Z haben als Kinder ihrer Zeit frühzeitig gelernt, sich schnell Veränderungen anzupassen, da sie in einer sehr komplexen und sich ständig verändernden Welt aufgewachsen sind. Sie erkennen neuartige Entwicklungen früher und reagieren schneller darauf.

Die in einer Gesellschaft aktuell vorherrschenden Werte verändern sich über die Jahre hinweg in ihrer Bedeutung und in ihrer Gewichtung. Die Mehrheit der deutschen Bevölkerung fühlt sich seit Ende des Zweiten Weltkrieges physisch und ökonomisch sicher. Sind die materiellen Grundbedürfnisse gesichert, streben Menschen nach höheren, postmateriellen Zielen, insbesondere nach Selbstverwirklichung. Betrachtet man, welche unterschiedliche Grundmotivation für Arbeit in den Generationen vorherrscht, ist dies gut erkennbar (s. Tab. 3.2).

Der Wertewandel zeigt sich besonders deutlich bei den beiden jüngeren Generationen Y und Z. Materielle Aspekte spielen bei der Berufswahl für sie eine untergeordnete Rolle, weil die meisten Jugendlichen heutzutage in finanziell sicheren Familien aufwachsen. Angemessene Bezahlung setzen sie als selbstverständlich voraus und lassen sich mit guten Gehältern weder locken noch halten. Entscheidend sind für sie vielmehr die Sinnhaftigkeit der Tätigkeit sowie in Aussicht gestellten Entwicklungsmöglichkeiten. Der in den letzten Jahrzehnten zunehmende Fokus auf Selbstverwirklichung führt zu einer Liberalisierung unserer Gesellschaft, bei der die Individualität des Einzelnen zunehmend Raum greift und jeder Einzelne immer mehr Auswahlmöglichkeiten hat, beruflich und privat. Gleichzeitig wird die Arbeitswelt zunehmend flexibler. Lebenslange Festanstellungen werden seltener, befristete Arbeitsverträge, Teilzeitangebote sowie projektbezogene freie Mitarbeit nehmen zu. Mitarbeiter*innen und Heilberufler*innen wechseln heute im Laufe eines Berufslebens durchschnittlich viel häufiger die Praxis als noch vor 30 Jahren. Dies bedeutet, dass sie sich immer wieder neuen Bewerbungsprozessen aussetzen. Daher achten insbesondere jüngere Mitarbeiter*innen und Heilberufler*innen zunehmend auf ihren Marktwert (z. B. durch Fortbildungen) und ihre Positionierung (u. a. durch Vernetzung und Selbstmarketing in sozialen Medien).

Die Unabhängigkeit der Mitarbeiter*innen von Arbeitszeit und Arbeitsort wächst im Zuge der Digitalisierung, der tiefgreifendsten Umwälzung der letzten Jahrzehnte, auch in der Arbeitswelt. Die Entwicklung künstlicher Intelligenz führt zu einer sinkenden Nachfrage an einfacher Arbeit, wodurch Bildung und lebenslanges Lernen (Abschn. 9.4) immer wichtiger werden. Vor allem die Vertreter*innen der beiden jüngeren Generationen haben dies gut erkannt und achten daher bei der Arbeitsplatzwahl auf persönliche Entwicklungschancen und berufsbegleitende Fortbildungsmöglichkeiten.

3.4   Die derzeit schon und noch in der Praxis aktiven fünf Generationen im Überblick

Derzeit schon und noch aktiv in Arzt- und Zahnarztpraxen sind fünf Generationen: Die Nachkriegsgeneration als Praxisinhaber*innen, die Generation der Babyboomer sowie Generation X als Praxisinhaber*innen, Heilberufler*innen, Führungskräfte und Mitarbeiter*innen. Die Generation Y als Mitarbeiter*innen, Praxisinhaber*innen und angestellte Heilberufler*innen sowie die Generation Z als Auszubildende und junge Mitarbeiter*innen.

Übersicht zu heutigem Lebensalter der Generationen (2020):

- 1935–1949 Nachkriegsgeneration: 71 bis 85 Jahre alt,
- 1950–1964 Babyboomer: 56 bis 70 Jahre alt,
- 1965–1979 Generation X: 41 bis 55 Jahre alt,
- 1980–1994 Generation Y: 26 bis 40 Jahre alt,
- 1995–2009 Generation Z: 11 bis 25 Jahre alt.

Jede dieser Generationen ist von unterschiedlichen Ereignissen geprägt (s. Tab 3.1) und hat demzufolge unterschiedliche Werte und Arbeitshaltungen entwickelt (s. Tab. 3.2).

Die sogenannte Nachkriegsgeneration (*1935–1949) erlebte die Zeit des Nationalsozialismus und den Zweiten Weltkrieg bzw. das danach vom Krieg zerstörte Deutschland und die entbehrungsreichen Nachkriegsjahre. Für sie steht materielle Sicherheit im Mittelpunkt, und Arbeit dient vor allem der Sicherstellung des Lebensunterhalts.

Die darauffolgende Generation der Babyboomer (*1950–1964) hat den Namen ihrer Größe zu verdanken; in ihre Zeit fallen die geburtenstärksten Jahrgänge in Deutschland überhaupt. Sie wuchs während des Wirtschaftswunders auf und erlebten die erste Mondlandung. Aktuell bilden die Babyboomer fast die Hälfte

Tab. 3.1 Was Generationen ausmacht

	Nachkriegs-generation	Babyboomer	Generation X	Generation Y	Generation Z
Geburtsjahre	1935 – 1949	1950 – 1964	1965 – 1979	1980 – 1994	1995 – 2009
prägende Jahre (11-15) laut Literatur (eigene Quelle)	1946 – 1964	1961 – 1979	1976 – 1994	1991 – 2009	2006 – 2025
Ereignisse und Entwicklungen in den prägenden Jahren	2. Weltkrieg, entbehrungsreiche Nachkriegsjahre, Kalter Krieg, Beginn Wirtschaftswunder	Wirtschaftswunder, Geburtenboom, Mondlandung, 68er Revolte, Mauerbau, Mädchenbewegung, Ermordung JFKs, Waldsterben, Friedens- und Umweltbewegung, Fernsehen, Urlaubsreisen ins Ausland	Fernsehzeitalter, Wirtschaftskrise, Ölkrise, RAF, stagnierender Arbeitsmarkt, Immigrationswelle, Tschernobyl, Mauerfall, Ende des Kalten Krieges	Globalisierung, Internetboom, digitale Revolution, weltweiter Terror, 9/11, hohes Bildungsniveau, wachsen im wiedervereinten Deutschland auf	Digitalisierung des Alltags, Globalisierung, Erderwärmung, Wikileaks, politische Stabilität, Wohlstand, Überfluss, breites Bildungsangebot, Finanzkrisen, Umweltkatastrophen und Terrorismus, Corona

Tab. 3.2 Arbeitshaltung der Generationen

Generation	Arbeitshaltung
Nachkriegsgeneration	Arbeit als Mittel zur Sicherstellung des Lebensunterhalts, Pflichterfüllung und materielle Sicherheit im Vordergrund, gelebt wird woanders
Babyboomer	leben, um zu arbeiten („Workaholic"), Arbeit hat den höchsten Stellenwert, Gefühl, „gebraucht zu werden" als Motivation
Generation X	arbeitet, um zu leben („Work-Life-Balance"), Privatleben ebenbürtig, Freiheit und Entwicklungsmöglichkeiten wichtig
Generation Y	Leben ist Arbeit („Work-Life-Blending"), Sinn und Spaß wichtiger als Karriere, Selbstverwirklichung und Vernetztsein als Motivation
Generation Z	tritt, soweit bereits erkennbar, realistischer und emotional distanzierter auf, setzt sich pragmatische und realistische Ziele und zieht klare Grenzen zwischen Arbeit und Freizeit

der Belegschaft, die meisten ihrer Vertreter*innen gehen bis 2030 in Rente; alle nachfolgenden Generationen sind deutlich kleiner. Babyboomer leben, um zu arbeiten, sie prägten den Begriff des „Workaholic" und ihre zentrale Motivation ist das Gefühl, gebraucht zu werden.

Kinder der Nachkriegsgeneration sind die Vertreter*innen der Generation X (*1965–1979), die in das geteilte Deutschland hineingeboren wurden und in ihren prägenden Jahren das Ende des Kalten Krieges samt Mauerfall und Wiedervereinigung erlebten. Ihre Vertreter*innen befinden sich aktuell in zentralen und leitenden Positionen als Mitarbeiter*innen in Arzt- und Zahnarztpraxen oder als Heilberufler*innen und Inhaber*innen. Diese Generation durchlebt derzeit die sogenannten Rushhour des Lebens, mit zahlreichen beruflichen und privaten Verpflichtungen, z. B. noch kleinen Kindern und bereits pflegebedürftigen Eltern. Sie erfand die „Work-Life-Balance"; das Privatleben ist dem Berufsleben ebenbürtig, Freiheit sowie Entwicklungsmöglichkeiten sind dieser Generationen wichtig.

Ihr folgt die Generation Y (*1980–1994) als Kinder der Babyboomer*innen, die derzeit als Mitarbeiter*innen und junge Heilberufler*innen in den Arzt- und Zahnarztpraxen tätig ist. Ihre Vertreter*innen erlebten in der Jugend die Attentate vom 11. September 2001 und damit den Beginn einer Welle von internationalem Terrorismus. Zu Hause wurden die Yler*innen wohl behütet, machten aber auch Erfahrungen mit Trennungen der Eltern sowie zunehmend berufstätigen Müttern und organisierter Fremdbetreuung. Die Übergänge von Leben und Arbeiten ist für sie fließend („Work-Life-Blending"), Sinn und Spaß wichtiger als klassische Karrieren; Selbstverwirklichung dient als zentrale Motivation.

Vertreter*innen der nachfolgenden Generation Z (*1995–2009) befinden sich derzeit in Ausbildung bzw. Studium und ersten Anstellungen. Als Kinder der Generation X wuchsen sie während der Umweltkatastrophe von Fukushima auf und erlebten zunehmend die Gleichberechtigung von Mann und Frau in Familie und Arbeitswelt, Begegnung mit Eltern auf Augenhöhe, Patchwork-Familien und organisierte Fremdbetreuung. Bei der Generation Z ist eine deutliche Pendelbewegung zu ihrer Vorgängergeneration Y erkennbar: Arbeit bedeutet für sie nur ein Teil des Lebens („Work-Life-Separation"; Scholz 2014, S. 33); Sicherheit und feste Arbeitsstrukturen sind ihnen wichtig; ihre Motivation folgt aus Entwicklungsperspektiven.

Seit 2010 wächst die Generation alpha nach, deren älteste Vertreter*innen derzeit in Kindergarten und Grundschule gehen. Vermutlich wird die Corona-Pandemie für sie eines der zentralen prägenden Erlebnisse ihrer Kindheit und Jugend sein.

Fast jede dieser Generationen ist aktiv in der Praxis von Müller und Schlosser zu finden:

Schmidt, Nachkriegsgeneration (1932 geboren), weißer Jahrgang, leider viel zu früh verstorben, hatte seine Praxis 1970 gegründet und 1994 – mithilfe eines Beraters – an Müller verkauft.

Dr. Müller wurde 1959 geboren und gehört damit zur Generation der Babyboomer, verheiratet, zwei erwachsene Kinder (beide nicht an Medizin interessiert), zwei Enkel, Eltern bereits tot, ein Hund, übernahm die Praxis 1994 zusammen mit Biggi, die schon bei Schmidt arbeitete.

Biggi kam 1962 auf die Welt und ist damit Babyboomerin, hat die Praxis mit Müller aufgezogen und erfolgreich gemacht, Müller nennt sie „mein Mädchen", informelle Leitung, verwitwet, keine Kinder, pflegt ältere Mutter, Vater schon tot.

Monika, Babyboomerin (ebenfalls 1962 geboren), Helferin, verheiratet, Mann ist 1958 geboren und arbeitet bei der Stadtverwaltung, ein Sohn, vier Enkelkinder, kleines Eigenheim, ist seit 1999 in der Praxis.

Heidi, Babyboomerin (1964 geboren), seit 25 Jahren in der Praxis als Helferin, kann von allem etwas und ist dadurch vielseitig einsetzbar, bleibt wie Biggi auch mal länger, wenn es Not tut, ausgleichender Charakter, Patienten mögen sie sehr gern, hat für jeden ein Ohr.

Dr. Schlosser wurde 1985 geboren und ist damit ein Vertreter der Generation Y, geschieden, zwei Kinder (eines schulpflichtig in der zweiten Klasse, eines gerade eingeschult), alleinerziehend, Fremdbetreuung nutzend, zur Zeit Single, Eltern leben in der Nähe und arbeiten beide noch, seit einem Jahr Partner von Müller in einer Berufsausübungsgemeinschaft (BAG).

Lisa, Generation Y (geboren 1987), Praxismanagerin, hat in der Praxis gelernt, pflegt sehr gutes Verhältnis zu Schlosser, sehr klug und gebildet, in der Freizeit sozial engagiert, verheiratet, hat ein Kind, arbeitet in Teilzeit (20 h die Woche), leidet unter Biggi und deren Vorstellungen von Praxis, würde sehr gern mehr digitalisieren und die Prozesse vereinfachen, will sich für die Praxis nicht totschuften.

Sophia, Generation Y (geboren 1986), Helferin, hat in der Praxis gelernt, kann gut mit Schlosser und den Patienten, ist sehr selbstständig, hat einen sehr guten Abschluss geschafft, ist seit Kurzem Mutter und arbeitet in Teilzeit (auch 20 h in der Woche), hat einen Lebenspartner.

Tatjana, Generation Y (geboren 1989), Helferin, sieht sehr gut aus, wird von den Patienten, vor allem den Herren, sehr geschätzt, Arzthelferin ist ihr Ding, dabei macht sie sich nicht tot, ist immer rausgeputzt, findet immer das passende Wort für jeden Patienten und für jede Patientin, eine ganz liebe eben.

Hanna, Generation Z (geboren 1997), Helferin, hat auch in der Praxis gelernt, würde den Laden aber verlassen, wenn sich nicht gehörig etwas ändert, macht die Verwaltung und das gut, kann mit Zahlen und Abrechnung, würde gern wie Lisa Praxismanagerin werden, hat nach dem Abi gleich in die Praxis gefunden, Vater kannte Müller und half, sorgt dafür, pünktlich Feierabend zu machen.

Marie, Generation Z (geboren 1998), Helferin, hat nach bestandener Prüfung gleich die Praxis gewechselt, möchte gern in eine größere Stadt umziehen, will erst einmal Erfahrungen sammeln.

3.5   Die beiden jüngeren Generationen Y und Z

Im Folgenden sehen wir uns die beiden derzeit jüngsten berufstätigen Generationen etwas genauer an, denn sie werden aktuell von Arzt- und Zahnarztpraxen
gesucht und wollen gehalten werden, die Generation Y als Heilberufler*innen,
Mitarbeiter*innen und Führungskräfte, die Generation Z derzeit noch vor allem
als Auszubildende und junge Mitarbeiter*innen, aber auch bald (vermutlich ab
2025) als Heilberufler*innen und Führungskräfte. Um gute junge Arbeitskräfte
für die Praxis zu gewinnen und lange in der Praxis zu halten, hilft es, zu wissen, was diesen in Beruf und Zusammenarbeit wichtig ist, wie sie arbeiten und
kommunizieren wollen, welche Erwartungen sie an ihre Arbeitgeber*in und ihre
Kolleg*innen stellen. Die Generation Y wird in vielen Arzt- und Zahnarztpraxen, gemeinsam mit der Generation X, die noch berufstätigen Vertreter*innen der
Nachkriegsgeneration und vor allem die große Zahl der Babyboomer ablösen, die
in den nächsten Jahren in Rente gehen. Dann kann es dazu kommen, dass jüngere
Heilberufler*innen und Führungskräfte der Generation Y ältere Mitarbeiter*innen
der Generation Babyboomer oder auch X führen (Abschn. 7.3.3).

3.5.1   Die Generation Y

Demografische Entwicklung und Fachkräftemangel, vor allem auch in Heilberufen, kehren die Machtverhältnisse am Arbeitsmarkt um. Gute Auszubildende und
qualifizierte Mitarbeiter*innen und Heilberufler*innen können sich ihre Arbeitgeber*innen zwischenzeitlich aussuchen und Forderungen stellen, die weit über
eine ordentliche Bezahlung hinausgehen. Diese Entwicklung begann bereits bei
der Generation Y und wird von der Generation Z weiter fortgeführt. Diese beiden
jungen Generationen wissen um ihre Machtposition und ihren hohen Marktwert.
Sie treten selbstbewusst auf, haben konkrete Erwartungen und formulieren klare
Forderungen.

Arbeitshaltung der Generation Y Individualisierung der Gesellschaft und Flexibilisierung des Arbeitsmarktes haben zur Folge, dass sich die bzw. der Einzelne immer
wieder neu positionieren muss. Eine gute Vernetzung ist hierfür überlebenswichtig,
daher legen Vertreter*innen der Generation Y großen Wert auf soziale Beziehungen.
Sie sind offline und online gut vernetzt. Angenehme Arbeitsatmosphäre, interessante
Kolleg*innen und eine funktionierende Zusammenarbeit sind ihnen wichtig, sie
mögen Betriebsfeste und gemeinsame Aktivitäten nach Feierabend.

Mitarbeiter*innen der Generation Y möchten in der Praxis frühzeitig Einfluss haben, mitgestalten, Verantwortung übernehmen, kreativ sein, eigene Ideen einbringen und Projekte umsetzen. Sie legen großen Wert auf arbeitsteilige Teamarbeit und Kooperation auf Augenhöhe, auf klare Kommunikation, permanenten Austausch und eine positive Fehlerkultur. Sie möchten ihre Arbeitszeit sinnvoll nutzen, ihre Tätigkeit soll erfüllend sein, Spaß machen, sie weiterbringen („Subjektivierung der Arbeit"). Arbeit und Freizeit gehen für sie ineinander über, sie haben gelernt, jederzeit und von überall zu arbeiten; sie sind immer online und jederzeit erreichbar. Sie lösen die Grenzen zwischen Arbeits- und Privatleben auf und sind auch außerhalb der üblichen Arbeitszeiten bereit, Leistung zu erbringen, um Projekte voranzutreiben („Work-Life-Blending").

Erwartungen der Generation Y Entwicklungsperspektiven und Möglichkeiten der Selbstverwirklichung sind für die Generationen Y mit am wichtigsten bei der Wahl des Arbeitsplatzes. Sie wünschen sich Transparenz vonseiten der Arbeitgeber*innen über konkrete Perspektiven im Hinblick auf Karrieremöglichkeiten in der Arztpraxis und individualisierte Entwicklungsoptionen. Sie finden es attraktiv, neben der Tätigkeit in der Arzt- und Zahnarztpraxis zu studieren oder Freiräume und ggf. Zuschüsse für eine Fortbildung zu erhalten. Sie möchten sich weiterentwickeln, Neues lernen, vorankommen. Für sie bedeutet Bildung eine Investition in ihre Zukunft, die permanente Sicherung des eigenen Marktwertes, da sie davon ausgehen, sich im Laufe ihres Berufslebens noch mehrfach zu bewerben. Sie gestalten aktiv ihre Berufsbiografie und sichern dadurch permanent ihre „Employability" ihre Beschäftigungsfähigkeit.

Vertreter*innen der Generation Y wollen nicht nur im Privatleben, sondern auch bei ihrer Arbeit Spaß haben, das Leben genießen und gleichzeitig etwas Sinnvolles tun. Spaß und Leistung widersprechen sich für sie nicht, sondern stehen gleichwertig nebeneinander – mit der Idee, Zeit sinnvoll und eigenverantwortlich zu nutzen. Sinnhaftigkeit wünschen sie sich auch von ihren Arbeitgeber*innen, sie schauen besonders kritisch hin, legen Wert auf eine positive Unternehmenskultur und auf Authentizität, auf starke Unternehmenswerte und die Übernahme von Verantwortung für Umwelt und Gesellschaft. Eine schöne Fassade und Lippenbekenntnisse genügen ihnen hierbei nicht, sie achten auf konsequente und durchgehende Umsetzung der Werte und möchten im Bewerbungsprozess genau wissen, wie diese im Praxisalltag gelebt werden. Unterstützt werden sie bei ihrem Wunsch nach Transparenz von Bewertungsportalen wie Kununu, wo Bewerber*innen, Praktikant*innen und Mitarbeiter*innen ihre Erfahrungen austauschen und dadurch anderen wertvolle Hinweise zu Arbeitsbedingungen und Arbeitsatmosphäre geben.

3.5.2 Die Generation Z

Jüngere Vertreter*innen der Generation Z befinden sich derzeit noch in ihren prägenden Jahren; die älteren in der Ausbildung bzw. gerade am Beginn ihres Berufslebens. Abschließende Aussagen zu Arbeitshaltung, Herangehensweise und den Erwartungen an Arbeitgeber*innen können daher momentan noch nicht getroffen werden, sondern nur vorläufige Einschätzungen.

Arbeitshaltung der Generation Z In manchen Aspekten ist es vermutlich gut möglich, Schlüsse aus der Vorgängergeneration Y zu ziehen, da einige Umstände in der Kindheit ähnlich waren (z. B. die Familienstrukturen) und sich äußere Bedingungen wie gesellschaftliche Trends weiter fortsetzen (z. B. demografische Entwicklung und Fachkräftemangel, Flexibilisierung der Arbeitswelt, Digitalisierung, Individualisierung, Wertewandel zu Sinnsuche und Selbstverwirklichung). Umgekehrt ist bei den älteren Vertreter*innen der Generation Z bereits jetzt eine deutliche Abgrenzung zur Generation Y erkennbar. Die Generation Z konnte beobachten, wie engagiert ihre Vorgängergeneration ins Berufsleben startete, und dass sich dieser Einsatz nicht immer auszahlte. Wie sich Yler*innen in unbezahlten Praktika und unsicheren Zeitverträgen verausgabten und bei Stellenabbau als Erste entlassen wurden. Die Generation Z erkennt die negativen Folgen von ständiger Erreichbarkeit, sieht bei ihrer Vorgängergeneration erste Anzeichen von Überarbeitung und Burn-out sowie Schwierigkeiten bei der Vereinbarkeit von Familie und Beruf. Die Generation Z tritt, soweit bereits erkennbar, realistischer und emotional distanzierter auf, setzt sich pragmatische Ziele und zieht klare Grenzen zwischen Arbeit und Freizeit.

Erwartungen der Generation Z Sie sind die Kinder der Generation X und erscheinen individualistisch. Geld und Erfolg im klassischen Sinne sind für sie zweitrangig, persönliche Weiterentwicklung steht im Vordergrund. Die Arbeit soll zur Persönlichkeit passen und Entwicklungsmöglichkeiten bieten. Diese Generation möchte projektbezogen arbeiten und ist bereit, weiterzuziehen, wenn die Arbeit keinen Sinn oder Spaß mehr macht oder man nichts mehr dazulernt. In Zeiten der wirtschaftlichen Unsicherheit verlässt sie sich am liebsten auf sich selbst; Selbstverwirklichung, Lernen und Weiterentwicklung stehen daher an vorderster Stelle. Zler*innen lieben die Abwechslung und möchten sich verbessern und immer wieder Neues und Spannendes erleben. Eine positive Fehlerkultur ist ihnen sehr wichtig, weil sie auf diesem Wege lernen.

Insbesondere in Sachen Digitalisierung scheint eine deutliche Pendelbewegung erkennbar, ihre Vertreter*innen bevorzugen wieder den persönlichen Kontakt und legen großen Wert auf Offline-Zeiten („Digital Detox"). Ähnlich wie ihre Eltern der

Generation X, trennen die Vertreter*innen der Generation Z deutlicher zwischen der Arbeitswelt und ihrem Privatleben. Sie grenzen sich gegenüber ihren Arbeitgeber*innen ab und meiden eine zu enge Verbindung. Die berufliche Tätigkeit ist ein Pfeiler der Selbstverwirklichung, aber das Privatleben ist mindestens ebenso wichtig und wird zeitlich und personell getrennt („Work-Life-Separation"). Anders als ihre Vorgängergeneration ist diese Generation nicht mehr bereit, abends und am Wochenende wie selbstverständlich erreichbar und leistungsbereit zu sein. Ihr ist beides wichtig, Zeiten der Leistung, aber auch Pausen der Zurückgezogenheit und Regenerierung. Sie braucht Stabilität und Orientierung, feste Arbeitszeiten, klar umrissene und begrenzte Aufgaben, die sie im Rahmen einer umfassenden Einarbeitung präzise erklärt bekommt, mit anschließend engmaschiger Betreuung, vor allem häufigem bestärkendem Feedback. Direkter Kontakt zu der bzw. dem Vorgesetzten ist diesen Jugendlichen sehr wichtig, sie wollen persönliche Ansprechpartner*innen, die ihre Fragen beantworten und Handlungsempfehlungen geben.

Generationenkonflikte in der Arzt- und Zahnarztpraxis – oder: Was für ein Stress!

4

Da hatten sich die „Mädchen" aber wieder richtig gezofft. Biggi und ihre Kolleginnen waren der Auffassung, die Arbeit sei zu Ende, wenn der letzte Patient behandelt worden ist. Wenn das in die Freizeit hineinreicht, dann ist das nun mal so. Jede Kollegin, jede, müsste also mal Überstunden machen, auch wenn private Dinge dagegenstünden. Das sei nur gerecht. Marie und Hanna sahen das ganz anders. Ihnen war wichtig, die Zeit, die in ihren Arbeitsverträgen ausgewiesen und vereinbart ist, abzuleisten und nicht mehr. Wenn andere Kolleginnen anders verfahren wollten, dann wäre das deren Problem. Sie selbst würden sich nicht anders verhalten wollen. Beide hatten neben der Arbeit noch eine Vielzahl von Interessen, denen sie in ihrer Freizeit nachzugehen pflegten. Die Arbeit sorgte für Einkommen, Entwicklungsmöglichkeiten und irgendwie für eine Grundsicherheit, aber mehr Platz sollte sie auf keinen Fall einnehmen.

Biggi, die gut mit Müller konnte, sprach diesen darauf an, um ihn zu bitten, den „jungen Hühnern" mal mitzuteilen, dass diese genauso wie alle anderen Überstunden zu machen hätten. Müller tat, was von ihm erbeten wurde. In seinem Gespräch mit Tatjana und Hanna verwies er darauf, dass das „Längerbleiben" ja alle träfe, es notwendig und schon immer so gewesen sei.

Dieses Gespräch machte Hanna und Tatjana nicht einsichtiger, sondern sorgte im Gegenteil dafür, dass sie sich noch strikter an ihre Arbeitsverträge hielten. Zudem wiesen sie darauf hin, dass sie die Praxis verlassen würden, wenn man sie zwänge, anders zu arbeiten, als es ihr Arbeitsvertrag fordern würde. Biggi meinte dazu nur, dass man Reisende nicht aufhalten solle. Diese Aussage wiederum rief Schlosser auf den Plan, der nicht nur gern mit Hanna und Tatjana arbeitete, sondern auch keinen Stress in der Praxis haben wollte. So wurde dann eine Teamsitzung genutzt,

um einen Kompromiss zu finden, mit dem allen Seiten gedient werden sollte: den Praxisinhabern, den jüngeren und den älteren Mitarbeiterinnen.
Am Ende waren alle froh, dass es zu einer Aussprache gekommen war, und man sich gemeinsam einigte. Dabei wurde von den unterschiedlichen Wünschen und Bedürfnissen ausgegangen. Es wurde erkennbar, wie es zu diesen kam und was dahintersteckte, um dann möglichst alle Wünsche und Bedürfnisse erfüllen zu können, ohne dass jemand den Eindruck gehabt hätte, es die neue Vereinbarung ging auf seinen und nur seinen Kosten. Win-Win.

Jede der aktuell bis zu fünf in der Arzt- und Zahnarztpraxis aktiven Generationen hat unterschiedliche Wertemuster, andere Bedürfnisse und Erwartungen an Kolleg*innen und Arbeitgeber*innen in Bezug auf Zusammenarbeit und Führung. Jede Generation hat einen unterschiedlichen Blick auf das Leben und die Arbeit. Jedes Alter bringt einen anderen Erfahrungshorizont mit sich, eine unterschiedliche Auffassung davon, was in der Zusammenarbeit und Aufgabenbewältigung auf welche Weise gut funktionieren kann. Auch altersbedingte Unterschiede und die Besonderheiten der jeweiligen Lebensphasen fallen bei dem großen Altersunterschied von bis zu 50 Jahren deutlich ins Gewicht, sie führen zu unterschiedlichen Bedürfnissen und Erwartungen. Mitarbeiter*innen mit kleinen Kindern können beispielsweise nicht so ohne Weiteres spontan Überstunden machen im Vergleich zu jüngeren, alleinstehenden oder älteren Kolleg*innen mit bereits erwachsenen Kindern. Und die Zeiten, die Gesellschaft, die Wirtschaft sowie die Kommunikation haben sich in den letzten fünfzig Jahren rasant geändert – was vor 50, 40 oder 30 Jahren noch selbstverständlich war und gut funktionierte, kann heute nicht mehr passen. Althergebrachte Erfahrungen verlieren ihren Wert, neue Herangehensweisen setzen sich durch. Dies kann zu Konflikten in der Zusammenarbeit führen.

Die meisten Arzt- und Zahnarztpraxen werden aktuell von Babyboomer*innen oder Xler*innen geleitet. Sie dominieren den Arbeitsalltag und werden dies durch ihren späteren Renteneintritt auch noch einige Jahre tun. Mitarbeiter*innen der Generationen Y und Z kommen nun in die Praxen und treten selbstbewusst auf. Sie möchten von Anfang an mitbestimmen und mitgestalten, fordern neue Arbeitsbedingungen, Flexibilität und Zusammenarbeiten auf Augenhöhe. Es fehlt ihnen an unangefochtenem Respekt vor Hierarchien; reine Seniorität reicht ihnen nicht mehr aus. Sie möchten nicht abwarten, bis sie irgendwann befördert werden, sondern gleich mitgestalten. In den Arzt- und Zahnarztpraxen treffen sie auf etablierte Kolleg*innen, Arbeitnehmer*innen und Führungskräfte, die dort schon längere Zeit arbeiten, die „Karriereleiter" emporgeklettert sind und sich hierarchisch gut positioniert haben. Sie waren bisher anderes Arbeiten gewohnt und nehmen die jungen Kolleg*innen als sehr anspruchsvoll wahr. Ihre eigene Stellung in der Praxis mussten sie selbst sich über viele Jahre erarbeiten und haben daher wenig Verständnis für die Ungeduld und das selbstbewusste Auftreten der jüngeren Generationen. Die jüngeren Kolleg*innen hingegen fühlen sich von den älteren Generationen unverstanden, wenig ernst genommen und blockiert. Dies kann zu Generationenkonflikten zwischen älteren und jüngeren Kolleg*innen bzw. älterer Führungskraft und jüngeren Mitarbeiter*innen führen. Außerdem übernimmt die Generation Y seit einigen Jahren erste Führungspositionen bzw. lässt sich als Ärzt*in bzw. Zahnärzt*in nieder und bringt ein völlig neues Führungsverständnis mit. Ihr geht es um Verständnis, Einbezug, Eigenverantwortung und Motivation.

Unterschiede von Führen und Geführtwerden zwischen den Generationen treten dann besonders deutlich zutage, wenn eine jüngere Führungskraft für ältere Mitarbeiter*innen zuständig wird, wenn sie also ältere Kolleg*innen auf der „Karriereleiter" überholt und das Senioritätsprinzip überwindet (Abschn. 7.3.3). Vertreter*innen der Generation X nehmen die Yler*innen zunehmend als Konkurrenz auf freiwerdende Positionen der in Rente gehenden Babyboomer*innen wahr. Dies kann erlebte Unterschiedlichkeiten und negative Zuschreibungen zusätzlich verstärken. Und das Thema Digitalisierung dreht immer wieder die Kräfteverhältnisse zwischen Alt und Jung um; Lebensjahre und Erfahrung laufen dabei nicht parallel. Trotz weniger Jahren an Berufserfahrung können jüngere Mitarbeiter*innen hier mehr und umfassendere Erfahrung mitbringen als ihre dienstälteren Kolleg*innen. Sie könnten ihre älteren Kollege*innen hierbei unterstützen, was diese aber nicht immer gut annehmen können.

4.1 Wie entstehen Generationenkonflikte?

Konflikte können entstehen, wenn Unterschiedlichkeiten zwischen den Generationen nicht nur wahrgenommen, sondern als negativ bewertet werden. Wenn daraus Vorurteile entstehen, die das Miteinander in der Zusammenarbeit beeinträchtigen, und die dazu führen, dass Störungen nicht direkt angesprochen und konstruktiv gelöst werden. Stattdessen entstehen nachhaltige und andauernde Verschlechterungen der Zusammenarbeit.

4.1.1 Das Modell der Welt

Menschen nehmen ihre Umwelt subjektiv wahr, gefärbt durch einen individuellen Filter, der durch Werte, Gefühle und Erfahrungen geprägt ist. Um die ständige

Informationsflut bewältigen zu können, wird permanent vereinfacht. Es werden wichtige von unwichtigen Informationen getrennt, Wahrnehmungen eingeordnet und Schlüsse gezogen. Dadurch reduzieren Menschen die enorme Komplexität der Realität und erstellen sich ihre eigene „Landkarte", die all ihre bisherigen Wahrnehmungen der Welt widerspiegelt. Hinzukommende Erfahrungen werden permanent anhand von Filtern eingeordnet und die Landkarte wird immer wieder neu geschrieben. Dieses persönliche Modell der Welt ermöglicht eine rasche Orientierung sowie schnelle Entscheidungen. Betrachten Menschen das Verhalten anderer, dann legen sie als Bewertungsmaßstab ihr eigenes Modell der Welt zugrunde, weil sie ja das der anderen zunächst noch gar nicht kennen. Sie nehmen dann entweder Ähnlichkeiten zu sich selbst wahr oder Unterschiede.

4.1.2 Zusammengehörigkeit und Abgrenzung

Neben zahlreichen anderen individuellen Persönlichkeitsfaktoren prägt auch die Generationenzugehörigkeit das persönliche Modell der Welt. Durch vergleichbare Erlebnisse in Kindheit und Jugend, durch die gemeinsamen generationstypischen Wertemuster, denken, fühlen und handeln Vertreter*innen einer Generation ähnlich. Sie werfen einen ähnlichen Blick auf die Welt, ihr Filter ist vergleichbar gefärbt und ihre Landkarten ähneln sich in einigen zentralen Aspekten. Sie schätzen Situationen vergleichbar ein und bevorzugen ähnliche Herangehensweisen. Dies führt zu gegenseitigem Verständnis und zu einem Gefühl der Zusammengehörigkeit innerhalb einer Generation. Allein durch das Wissen um dieselben Geburtenjahrgänge fühlen Menschen sich somit anderen Vertreter*innen ihrer Generation bereits näher. Sie vermuten Gemeinsamkeiten und Ähnlichkeiten und sie nehmen sich als Teil einer gemeinsamen Gruppe wahr („In-Group").

Vertreter*innen anderer Generationen schreiben sie andere Eigenschaften, Werte und Herangehensweisen zu und nehmen sie als Angehörige einer anderen Gruppe wahr („Out-Group"). Durch diese Gruppenbildung entstehen Vorstellungen über die eigene Generation mit bestimmten Charakteristika und Vorstellungen über die anderen Generationen. Vertreter*innen der eigenen Generation werden ähnliche Eigenschaften zugeschrieben wie einem selbst („In-Group Bias") und Vertreter*innen der anderen Generationen andere, einem selbst eher fremde Eigenschaften („Out-Group Bias"). Hinzukommende Erfahrungen mit Vertreter*innen der eigenen bzw. Vertreter*innen der anderen Generationen schreiben die eigene Landkarte permanent fort. Wahrgenommene Ähnlichkeiten bei Vertreter*innen der eigenen Generation werden mit der Generationszugehörigkeit als naheliegende Erklärung begründet, was die generationale Vergemeinschaftung, das Zugehörigkeitsgefühl zur selben Generation erhöht. Und als anders wahrgenommene Eigenschaften von Vertreter*innen anderer Generationen werden vor allem mit der Zugehörigkeit zu einer anderen Generation begründet, was wiederum die Abgrenzung weiter verstärkt (Abschn. 4.1.3).

Können sich Arbeitnehmer*innen aussuchen, mit wem sie zusammenarbeiten, entscheiden sie sich eher für Vertreter*innen ihrer eigenen Generation, weil sie davon ausgehen, dass sich die Zusammenarbeit reibungsloser und angenehmer gestalten wird als mit Vertreter*innen anderer Generationen (Signium international 2013, S. 22). Auch Führungskräfte bevorzugen bei der Einstellung neuer Mitarbeiter*innen häufig diejenigen, die ihnen ähnlich sind, also z. B. derselben Generation angehören, weil auch sie davon ausgehen, dass bei vergleichbaren Hintergründen, ähnlichen Werten und Herangehensweisen die Zusammenarbeit vereinfacht wird und gemeinsame Entscheidungen schneller und unkomplizierter getroffen werden können. Das sogenannte *„Ähnlichkeits-Attraktivitäts-Paradigma"* kann hier als Begründung herangezogen werden. Es besagt, dass Gemeinsamkeiten das Selbstbild stärken und Menschen ein Gefühl von Sicherheit vermitteln. Daran knüpft auch die Theorie der sozialen Identität an, wonach Menschen eine Bestätigung ihres eigenen Selbstbilds erhalten, wenn sie sich in ähnlichen Gruppen bewegen. Weil in der Interaktion mit diesen immer wieder die eigenen Werte und Herangehensweisen bestätigt werden, fühlen sich Menschen gesehen, verstanden, bestätigt und sicher; sie erleben, dass sie in Ordnung sind, so wie sie sind.

Bleibt es allein bei dieser Solidarität und Abgrenzung, kann dennoch ein friedliches Miteinander möglich sein, z. B. die Bildung von Untergruppen in Teams, nach Generationen oder nach alt/jung aufgeteilt, indem in der Zusammenarbeit die Nähe zur jeweils eigenen Generation gesucht wird, was die Teamarbeit insgesamt nur unwesentlich beeinträchtigt, wenn auch dadurch Synergien ungenutzt bleiben. Der generationale Filter führt allerdings zu Zuschreibungen, die sich verfestigen können. Es entstehen zunächst Stereotype, die zu unbewusster Diskriminierung führen können. Bei verstärkenden negativen Faktoren kann es zu Vorurteilen kommen.

4.1.3 Stereotype

Stereotype sind mentale Vereinfachungen von komplexen Eigenschaften bzw. Verhaltensweisen von Menschengruppen. Unvollständiges Wissen über bestimmte soziale Gruppen führt zu vereinfachten Vorstellungen und Erwartungen, welche

Eigenschaften die Gruppenmitglieder haben oder wie sie sich verhalten. Die Kategorisierung der Welt in Gruppen und die pauschale Zuschreibung von bestimmten Eigenschaften an Angehörige dieser Gruppen dienen der Komplexitätsreduktion, einem einfacheren Verständnis der Welt und damit einer schnelleren Orientierung in der Begegnung mit anderen. Der generationale Filter, der wahrgenommene Ähnlichkeiten mit der eigenen Generation und erfahrene Unterschiede mit anderen Generationen in die Landkarte eingebaut hat, führt dazu, dass bei einer Person bestimmte Werte und Herangehensweise bereits vorab vermutet werden, nur weil sie einer bestimmten Generation angehört. Und zwar entweder ähnliche wie den eigenen, weil aus derselben Generation, oder andere, weil einer anderen Generation angehörig. Die eigene Generation wird auf eine bestimmte Weise wahrgenommen und die anderen Generationen auf andere Weise.

Auch in Bezug auf Jung und Alt gibt es Stereotype. Zum Beispiel gelten ältere Menschen als zuverlässiger und jüngere Menschen als mutiger. Diese Zuschreibungen erfolgen unbewusst, bereits durch die Kategorisierung an sich, durch die Unterteilung von Menschen in unterschiedliche Gruppen. Hieraus entstehen Stereotype, pauschale Zuschreibungen von Eigenschaften gegenüber den Vertretern der anderen Gruppen, der anderen Generationen, des unterschiedlichen Alters, die sich allein auf die Zugehörigkeit zu einer Gruppe beziehen und nicht auf das Individuum an sich. Dient diese Zugehörigkeit zu einer anderen Generation als alleinige oder zumindest hauptsächliche Begründung für wahrgenommen Unterschiede, dann verfestigen sich Stereotype. Andere mögliche Begründungen werden übersehen. Wiederholte Wahrnehmung weiterer Unterschiede und erneute Zuschreibungen zur Generationszugehörigkeit führen zu einer Bestätigung, einer entsprechenden Fortschreibung der Landkarte. Stereotype sind alltäglich und helfen bei der Orientierung. Problematisch ist allerdings, dass sie meist unbewusst ablaufen und dabei Verhaltensweisen unbemerkt beeinflussen, also zu Diskriminierungen führen können (Abschn. 4.1.6).

Da das Verhalten anderer Menschen am eigenen Modell der Welt gemessen wird, werden Unterschiede als eher störend, als negativ wahrgenommen, darauf wird mit Unverständnis reagiert. Wird hierfür als Erklärung vor allem die Zugehörigkeit zu einer anderen Generation herangezogen, entstehen negative Vorurteile gegenüber anderen Generationen.

4.1.4   Vorurteile

Ein Vorurteil ist eine generelle Überzeugung gegenüber einer Person oder einer Gruppe, ohne dass eine gründliche und umfassende Abklärung stattfindet, ohne dass etwaige zum Zeitpunkt der Beurteilung zur Verfügung stehende Fakten berücksichtigt werden. Von den Stereotypen unterscheiden sich die Vorurteile dadurch, dass sie emotional besetzt sind und mit einer Vorliebe oder Abneigung einhergehen. Sie beruhen daher nicht nur auf vereinfachender Wahrnehmung, sondern auf einer zusätzlichen Meinung, einem (meist abwertenden) Urteil, das direkte Auswirkungen auf das eigene Verhalten hat. Sie sind oft über Jahre angelernt worden. Menschen sind sich ihrer nicht bewusst, und sie können daher sehr hartnäckig und wenig offen für Veränderung sein. Als negatives Vorurteil bezeichnen wir eine schlechte Meinung über andere Menschengruppen und deren Vertreter*innen, zum Beispiel andere Generationen. Dann werden diesen schon allein aufgrund ihrer Generationszugehörigkeit negative Eigenschaften zugeschrieben, unabhängig vom Individuum.

Ursachen hierfür können negative Erfahrungen in der Vergangenheit sein, die ausschließlich mit der anderen Generationszugehörigkeit begründet wurden und die Landkarte entsprechend fortschreiben. Negative Vorurteile werden allerdings nicht nur durch persönliche Erlebnisse gebildet, sondern auch von anderen übernommen, z. B. entsprechenden Berichten in der Presse oder Erzählungen von gleichaltrigen Kolleg*innen. Negative Zuschreibungen können auch als Erklärungsversuche für negativ erlebte Umstände herangezogen werden, danach gelten Vertreter*innen anderer Generationen als Sündenbock, als Ursachen für bestimmte Schwierigkeiten. Fühlt sich beispielsweise eine ältere Mitarbeiter*in bei der Beförderung zugunsten einer jüngeren Mitarbeiter*in übergangen, dann kann es sein, dass sie dieser die Schuld dafür gibt. Zum Beispiel weil die Jüngeren ja ohnehin permanent bevorzugt werden oder sich so selbstbewusst in den Vordergrund drängeln. Eine jüngere Mitarbeiterin, die sich bei der Verteilung von Verantwortung von einer älteren Kollegin übergangen fühlt, kann umgekehrt daraus schließen, dass die ältere keine Macht abgeben kann oder der ebenfalls ältere Vorgesetzte prinzipiell Gleichaltrige bevorzugt und Jüngeren nichts zutraut. Mögliche sachgerechte Gründe der Praxisleitung für die jeweilige Personalentscheidung treten in den Hintergrund, die wahren Ursachen werden nicht erkannt. Dadurch nimmt die Abgrenzung voneinander weiter zu, Vorurteile verfestigen sich.

„Unter den Befragten bestehen relativ starke und konsistente Generationenstereotype. So wird die Generation Y von den anderen Generationen als flexibel und innovativ, aber auch unerfahren, ungeduldig, anspruchsvoll, egoistisch und chaotisch eingeschätzt. Die Generation X wird ebenfalls als flexibel, anspruchsvoll und leistungsorientiert, aber auch als erfahren, selbstständig, zuverlässig und organisiert eingeschätzt. Die Babyboomer werden wie die Generation X als erfahren, zuverlässig, selbstständig, organisiert und leistungsorientiert beschrieben, aber auch als pragmatischer, kollegialer und traditioneller eingeschätzt. Die größte soziale Distanz besteht zwischen den Babyboomern und der Generation Y. Die beiden Generationen weisen in keiner der elf abgefragten Eigenschaftspaare eine Deckung auf. Generation X und Y teilen zwei Eigenschaften, nämlich Flexibilität und eine hohe Anspruchshaltung. Am meisten Eigenschaften teilen in der Zuschreibung Babyboomer und Generation X. Sie haben fünf Eigenschaften gemeinsam: erfahren, zuverlässig, leistungsorientiert, selbstständig, organisiert. Werden Personeneigenschaften von den Befragten sympathisch gefunden, so wird eine Person eher der eigenen Generation zugeordnet. Darüber hinaus findet sich eine ‚Präferenz nach oben‘, d. h. Generation X würde gern mit typischen Babyboomern und Generation Y mit Generation X arbeiten." (Wirtschaftskammer Wien 2015).

4.1.5 Verstärkende Erfahrungen

Diese Zuschreibungen und Einordnungen können sich bei weiteren Ereignissen, zum Beispiel bei negativen persönlichen Begegnungen in der täglichen Zusammenarbeit, durch erneut wahrgenommene Unterschiede, weiter verstärken. Die Landkarte wird also dahin gehend fortgeschrieben, dass die Vertreter*innen anderer Generationen deutlich anders sind, weil sie aus einer anderen Generation stammen, weil sie unterschiedlich alt sind. Je mehr negative Zusammentreffen mit anderen Generationen erlebt werden, bei denen Unstimmigkeiten mit der Generationszugehörigkeit bzw. dem Alter erklärt werden, desto negativer wird das Bild von Vertreter*innen dieser Generation, von Kolleg*innen dieses Alters, und desto deutlicher grenzen sie sich von ihnen ab. Allein schon deshalb verhalten sie sich Vertreter*innen ihrer eigenen Generation gegenüber anders als gegenüber Vertreter*innen anderer Generationen.

Gab es beispielsweise bei der ersten Begegnung mit der neuen jungen Mitarbeiter*in ihr gegenüber bereits erste Vorbehalte, weil man ja schon so viel über diese faulen und verwöhnten Zler*innen gehört und gelesen hat, dann kann eine kleine Meinungsverschiedenheit darüber, wie eine Teamaufgabe anzugehen ist, diese Vorurteile bestätigen. Aus einer Meinungsverschiedenheit kann es durch den Rückschluss, diese beruhe auf der Zugehörigkeit zu verschiedenen Generationen, statt zu einer Klärung zu einer Verfestigung von Vorurteilen, einer Abgrenzung und Eskalation eines Konfliktes kommen. Hätte dieselbe Begebenheit mit einem Vertreter oder einer Vertreterin der eigenen Generation stattgefunden, wäre sie möglicherweise ganz anders gelöst worden. Zum Beispiel, indem man, weil man ja derselben Gruppe angehört und sich daher mit der anderen Person sicher fühlt, die Unterschiedlichkeiten offen angesprochen hätte und dadurch hätte lösen können. Die vorhandenen Vorurteile beeinflussen somit die Herangehensweise.

Beim Zusammentreffen mit Vertreter*innen der eigenen oder anderer Generationen werden anhand des eigenen Filters, der persönlichen generational gefärbten Landkarte, unterschiedliche Lösungsstrategien als sinnvoll ausgewählt, was die Unterschiedlichkeiten zusätzlich verstärken kann.

4.1.6 Diskriminierung

Die unterschiedliche Herangehensweise im Zusammentreffen mit Vertreter*innen eigener sowie anderer Generationen kann zu Diskriminierungen führen. Darunter versteht man ein positives oder negatives, aber auf jeden Fall unterschiedliches Verhalten gegenüber Mitgliedern verschiedener Gruppen. Häufig erfolgt dies unbewusst, weil die Voreingenommenheit unerkannt die Vorgehensweise beeinflusst. Diskriminierung kann individuell, zum Beispiel zwischen einzelnen Führungskräften und Mitarbeiter*innen erfolgen, aber auch auf organisatorischer Ebene, also systematisch. Dann nimmt sie umfassenden Einfluss auf Personalentscheidungen, bereits im Vorstellungsgespräch, aber auch bei der Verteilung von Verantwortungen und Entscheidungen über Beförderungen.

So kann bei einer defizitären Alterssicht von Altersdiskriminierung gesprochen werden, wenn dem zunehmenden Lebensalter von Mitarbeiter*innen, Heilberufler*innen und Führungskräften vor allem negative Eigenschaften zugeschrieben werden, z. B. abnehmende Leistungsfähigkeit, mehr Krankheitstage, weniger Offenheit und geringere Flexibilität. Umgekehrt werden jüngere Arbeitskräfte mit weniger Fleiß, mangelnder Loyalität oder fehlender Kritikfähigkeit verbunden.

Geht ein Heilberufler beispielsweise davon aus, dass nur erfahrene Kolleg*innen schwierige Patient*innen behandeln können, dann wird er eben auch diese vorrangig damit betrauen. Fühlt er sich bei positiven Erfahrungen in der Richtigkeit seiner Entscheidung bestätigt, wird er dies weiterhin tun und damit jüngeren Kolleg*innen nicht die Chance geben, ihr Können bei schwierigen Patient*innen unter Beweis zu stellen. Nimmt eine Praxisinhaberin an, dass nur junge Menschen im Internet versiert sind, dann wird sie ältere Mitarbeiter*innen bei Social-Media-Aufgaben übersehen und solche Tätigkeiten bevorzugt an jüngere Mitarbeiter*innen geben. Dadurch können sich diese als kompetent beweisen, was dann wiederum die Praxisinhaberin in ihrer Entscheidung bestätigt, und sie wird auch zukünftig vorrangig jüngere Mitarbeiter*innen mit solchen Aufgaben betrauen.

Diskriminierungen laufen ebenso wie die Vorurteile, auf denen sie beruhen, unbewusst ab, sie sind daher kaum erkennbar und schwer aufzulösen. Ein gutes Indiz für unbewusst ablaufende Diskriminierungen sind Überraschungsmomente.

Wenn ein junger Kollege Probleme mit der neuen Praxissoftware hat oder eine ältere Mitarbeiterin innovative Ideen für Online-Recruiting vorschlägt. Die Verwunderung darüber zeigt, dass unbewusst eine andere Erwartung da war, aufgrund von Vorurteilen.

4.1.7 Neid

Aus (gefühlter) Diskriminierung, wenn eine Generation also wiederholt den Eindruck hat, eine andere werde systematisch bevorzugt, kann Neid entstehen. Insbesondere, wenn diese gefühlte Bevorzugung ausschließlich oder zumindest überwiegend mit der Zugehörigkeit zu einer anderen Generation bzw. mit einem anderen Alter begründet wird. Und das unabhängig davon, ob es auch andere, sachgerechte Gründe hierfür geben könnte. Dieser Neid zwischen den Generationen, zwischen Jung und Alt, kann in beide Richtungen gehen.

Dank demografischer Entwicklung und Fachkräftemangel stellen sich Arzt- und Zahnarztpraxen auf die Wünsche und Erwartungen der beiden jüngeren Generationen ein. Diese sind sich dessen deutlich bewusst und umso selbstbewusster treten ihre Vertreter*innen in der Arzt- und Zahnarztpraxis auf. Dies begann bereits vor Jahren mit der Generation Y und wird nun von Bewerber*innen und Mitarbeiter*innen der Generation Z fortgesetzt. Statt auf Widerstände zu stoßen, wird den jüngeren Generationen von Personalverantwortlichen Verständnis signalisiert. Es werden häufig weitreichende Zugeständnisse gemacht, aus der Sorge von Heilberufler*innen und Praxisleitungen, dass die jungen Arbeitskräfte sonst bald kündigen könnten und die aufwendige Personalsuche von vorne beginnt. Mitarbeiter*innen der älteren Generationen, die sich ihre Position in der Praxis über Jahrzehnte mühevoll erarbeiten mussten, finden die Ungeduld, die Freiheiten, und das Anspruchsdenken der jüngeren Kolleg*innen oft unangemessen und überzogen. Und ungerecht, da sie als erfahrenere Kolleg*innen sich dann im Praxisalltag mit den „verwöhnten" jungen Leuten herumschlagen müssen und deren liegengebliebene Arbeit letztlich bei ihnen hängen bleibt. Dass sie selbst zuverlässig arbeiten und ohne zu murren Überstunden machen, wird von Praxisinhaber*innen als selbstverständlich vorausgesetzt, weil das ja schon immer so war. Anerkennung können sie hierfür nicht erwarten.

Umgekehrt fühlen sich die jüngeren Mitarbeiter*innen nicht für voll genommen, erhalten keine verantwortungsvollen Aufgaben und haben den Eindruck, die älteren Generationen lehnen ihre modernen Herangehensweisen kategorisch ab und blockieren ihr Vorankommen aus starrem Festklammern am Senioritätsprinzip heraus. Sie sind neidisch auf die unbestrittenen Positionen, die sich ältere

Mitarbeiter*innen durch längere Praxiszugehörigkeit erarbeitet haben. Und auf die unbefristeten Arbeitsverträge der älteren Generationen mit viel besseren Konditionen (z. B. Betriebsrente, eigenem Büro), die heutzutage so gar nicht mehr denkbar wären. Außerdem wissen sie, dass zahlreiche Leitungspositionen nicht mehr nachbesetzt werden, durch ständige Rationalisierungsmaßnahmen immer mehr Arbeit auf immer weniger Schultern verteilt wird und sie bei betriebsbedingten Kündigungen als die jüngere Mitarbeiter*innen zuerst gehen müssten.

4.1.8 Konkurrenz

Abgrenzung von Vertreter*innen anderer Generationen sowie Vorurteile können sich zusätzlich verstärken, wenn mehrere Generationen um dieselben Ziele konkurrieren, wenn eine wichtige Ressource als knapp wahrgenommen wird, also ein Gefühl des Mangels entsteht. Bezogen auf den sogenannten Generationenvertrag kennen wir dies von der gesellschaftlichen Rentendiskussion und aktuell in Sachen Umweltverschmutzung und Klimawandel.

In Arzt- und Zahnarztpraxen wird die Zusammenarbeit der Generationen erschwert, wenn ihre Vertreter*innen in Bezug auf Lohnerhöhungen, Büroräume, Anerkennung und Wertschätzung direkt miteinander im Wettbewerb stehen. Vor allem nehmen sich heutzutage Vertreter*innen aller Generationen hinsichtlich Aufstiegsmöglichkeiten als direkte Konkurrenz wahr. Seit Aufweichung des Senioritätsprinzips bewerben sich um die immer weniger werdenden Führungspositionen nicht nur gleichaltrige Kolleg*innen, sondern zunehmend auch jüngere Beschäftigte. Heilberufler*innen und Führungskräfte aus der Generation der Babyboomer bleiben aufgrund des späteres Renteneintritts deutlich länger im Beruf und es kommt immer häufiger vor, dass ihnen dann nicht ein langjähriger Mitarbeiter der Generation X folgt, sondern eine junge Vertreterin der Generation Y. Dies führt zum sogenannten *„Prinz-Charles-Effekt"*, der Angst älterer Kolleg*innen, bei Beförderungen durch jüngere übergangen zu werden (Mörstedt 2020).

4.1.9 Ängste

(Unbewusste) Ängste erschweren es, aufeinander zuzugehen, sich kennenzulernen, miteinander und voneinander zu lernen, positive Eigenschaften anzuerkennen, Synergien zu sehen und zu nutzen. Der Prinz-Charles-Effekt ist eine solche

Angst, die Sorge, eine über Jahrzehnte erarbeitete Machtposition im Unternehmen an jüngere Konkurrent*innen zu verlieren.

David Finkelhor hat als weiter gefasste Angst vor der Jugend den Begriff *„Juvenoia"* geprägt und vermutet dahinter eine evolutionär bedingte Angst vor Veränderungen. Althergebrachtes soll bewahrt werden und die jungen Leute werden als diejenigen angesehen, die Bestehendes angreifen oder abschaffen wollen. Je rasanter die Veränderungen, desto abwehrender die Reaktionen. Tatsächlich sind allerdings gar nicht die jungen Menschen Verursacher*innen all dieser Veränderungen, sondern die gesamten gesellschaftlichen Entwicklungen. Die Jungen stellen sich nur schneller auf neue Veränderungen ein. Sie haben als typische Kinder ihrer Zeit frühzeitig das Handwerkszeug gelernt, um in der modernen Welt zurechtzukommen (Finkelhor zitiert nach Peters und Wiedemann 2018).

Hierzu passt auch der sogenannte *Hysteresis-Effekt* nach Pierre Bourdieu (1976). Er definiert den sogenannten Habitus als System von erlernten Dispositionen eines Menschen. Dieser persönliche Habitus bleibt auch dann noch konstant, wenn die Umwelt sich bereits verändert hat. Die persönliche Landkarte wird also langsamer angepasst als sich die Außenwelt verändert; Menschen hinken somit den Entwicklungen hinterher. Dadurch passen der persönliche Filter, die eigenen Bewertungen und Kategorisierungen nicht mehr zu den aktuellen Umständen, was zu mangelndem Verständnis führt („Früher war alles besser."). Die Orientierung wird erschwert und verstärkt die Sorge, sich nicht mehr zurechtzufinden, nicht mehr gut mitgestalten zu können. Es steigt die Befürchtung, dass zu viele Veränderungen, zum Beispiel die neuartigen Herangehensweisen der jungen Führungskräfte sowie die Digitalisierung, es einem immer schwerer machen, sich zurechtzufinden. Dies führt zu konservierenden Tendenzen. Es entsteht der Wunsch, die Welt möge sich doch bitte nicht so schnell verändern, alles solle beim Alten bleiben.

Von anderen, die diese aktuellen Entwicklungen begrüßen, wird dies als wenig offen, als innovationsfeindlich und bremsend wahrgenommen. Naheliegenderweise denkt man beim Hysteresis-Effekt zunächst an ältere Mitarbeiter*innen zum Beispiel im Hinblick auf digitale Anwendungen und moderne Arbeitsmodelle. Aber auch auf junge Berufseinsteiger*innen trifft dieses Phänomen zu. So können sie frühe Schritte aus der umfassenden elterlichen Betreuung als viel zu schnelle Veränderung empfinden, die sie am liebsten aufhalten würden und die sie durch den Wunsch nach engmaschiger Betreuung und umfassender Unterstützung auszugleichen versuchen. Erfahrene Kolleg*innen nehmen dies als verwöhnt, anstrengend und unselbstständig wahr und reagieren darauf mit Unverständnis.

4.2   Reibungspunkte und Konfliktthemen der Generationen

Oft unterstützen sich Kolleg*innen unterschiedlichen Alters gegenseitig. Die Erfahrungen der Älteren stärken die Jüngeren und deren neue Ideen inspirieren die Älteren. In vielen Arzt- und Zahnarztpraxen gelingt dieses berufliche Miteinander gut. Dennoch kommt es auch häufig zu Spannungen und Diskussionen, wobei auffällig ist, dass es immer wieder dieselben Konstellationen und Themen sind, die zu Konflikten führen.

Worin sich die Generationen stark unterscheiden und was immer wieder für Zündstoff sorgt, ist die individuelle Arbeitshaltung, insbesondere das Verhältnis von Arbeit und Freizeit (s. Tab. 4.2). Oft fehlt hier gegenseitiges Verständnis. So scheinen Babyboomer*innen gern bereit, wenn notwendig, länger zu arbeiten und private Interessen zurückzustellen. Sie finden es allerdings ungerecht, wenn sie selbst regelmäßig Überstunden machen, aber gleichzeitig Xler*innen pünktlich gehen, weil sie familiäre Verpflichtungen haben, Vertreter*innen der Generation Y sich ihre Zeit frei einteilen und die Generation Z wie selbstverständlich und mit gutem Gewissen pünktlich Schluss macht, um ihre Freizeit zu genießen. Vertreter*innen der Generation Z empfinden es umgekehrt als anstrengend, von den Babyboomer*innen mit vorwurfsvollen Blicken in ein schlechtes Gewissen getrieben zu werden, nur weil sie die in ihrem Arbeitsvertrag vereinbarten Zeiten ernst nehmen.

Den unterschiedlichen Umgang der Generationen mit Informationen beschreiben wir beim Thema Wissenstransfer (Abschn. 9.3). Dies führt häufig zu Diskussionen und Konflikten. Insbesondere bei der Nachkriegsgeneration und den Babyboomer*innen, aber auch noch bei Teilen der Generation X stellte Wissensvorsprung einen entscheidenden Wettbewerbsvorteil dar. Daher wurden Informationen nicht ohne Weiteres geteilt („Herrschaftswissen"). Bereits große Teil der Generationen Y und die gesamte Generation Z sind mit Wikipedia und Schwarmintelligenz aufgewachsen. Informationen sind jederzeit verfügbar und überall abrufbar. Für diese beiden Generationen ist es daher selbstverständlich, Informationen mit vielen zu teilen, sich auszutauschen und gegenseitig vom Wissen anderer zu profitieren.

Missverständnisse zwischen den Generationen können außerdem entstehen, weil ihre Vertreter*innen unterschiedlich kommunizieren, inhaltlich sowie in der Form. Sie bevorzugen unterschiedliche Stile, Wege und Kommunikationsmittel, wie Tab. 4.1 verdeutlicht.

Tab. 4.1 Kommunikationsstile von Generationen

	Du/Sie	Mittel	Wege
Nachkriegs generation	Sie	Telefon Brief Meeting	formal hierarchisch
Babyboomer	Du	Telefon Brief Fax Meeting E-Mail	hierarchisch weniger formal
Generation X	Sie	E-Mail	weniger hierarchisch weniger formal
Generation Y	Du	Online-Plattformen Messenger E-Mail	informell direkt
Generation Z	Sie	Online-Plattformen Messenger E-Mail	direkt formeller

Tab. 4.2 Konflikthandhabungsstile

Konflikthandhabungsstil	Konsequenz
Vermeiden, Umgehen, Flucht	keine Klärung, kein gegenseitiges Verständnis, keiner gewinnt, keiner verliert
Durchsetzen, Kampf	Klärung, kein gegenseitiges Verständnis, einer gewinnt, einer verliert
Unterwerfung, Nachgeben	Klärung, kein gegenseitiges Verständnis, einer verliert, einer gewinnt
Kompromiss	Klärung, kein gegenseitiges Verständnis, keiner gewinnt, keiner verliert
Kooperation, Integration	Klärung, gegenseitiges Verständnis, beide gewinnen

Übersicht typischer Reibungspunkte und Konfliktthemen:

- Arbeitshaltung,
- Kollegialität und Miteinander,

- Arbeitszeit und Überstunden,
- Umgang mit Informationen,
- Nähe und Distanz in der Zusammenarbeit
- Kommunikation: Duzen oder Siezen,
- Kommunikationswege und –mittel,
- Feedback: Art, Inhalt und Häufigkeit,
- Führungsverständnis.

Interessant ist außerdem zu beobachten, dass die Generationen das Vorhandensein von Konflikten sowie deren Intensität unterschiedlich wahrnehmen und sich deren Ursachen außerdem anders erklären. Jüngere Inhaber*innen, Mitarbeiter*innen und Führungskräfte der Generation Y nehmen Konflikte sehr viel häufiger wahr als ältere. Möglicherweise haben sie ein höheres Harmoniebedürfnis und fühlen sich von Unstimmigkeiten eher beeinträchtigt. Als zentrale Konfliktfelder geben sie die Einführung neuer Technologien, widerstreitende Erwartungen und Ansprüche an Disziplin, Performance und Work-Life-Balance sowie unterschiedliche Führungsstile an. Vertreter*innen der Generation X nennen ebenfalls Disziplin und abweichendes Führungsverständnis als zentrale Reibungspunkte. Für Babyboomer*innen liegt die größte Herausforderung im respektvollen Umgang der Generationen miteinander, wobei hier die Verantwortlichkeit bei den jüngeren Generationen gesehen wird, da diese nicht bereit seien, sich unterzuordnen, insbesondere wenn die Hierarchie mit formalen Kriterien und nicht mit Kompetenz begründet wird. Die jüngeren Generationen sehen die älteren als bremsend in Bezug auf die Einführung neuer Technologien. Insgesamt geben die Jüngeren den Älteren die Schuld an Konflikten und die Älteren den Jüngeren. Was genau ein Konflikt ist, wie dieser sich entwickelt und wie damit gut umgegangen werden kann, sehen wir uns als Nächstes an.

4.3 Konflikttheorie

Ein Konflikt liegt vor, wenn sich jemand von einer oder mehreren anderen Personen aufgrund von Interessenkollisionen oder Meinungsverschiedenheiten beeinträchtigt fühlt. Ursachen für Konflikte können unterschiedliche Wahrnehmungen, Denkweisen, Einstellungen, Herangehensweisen, Interessen und Bedürfnisse der Beteiligten sein.

4.3.1 Konfliktarten

Aus diesen unterschiedlichen Ursachen lassen sich fünf Arten von Konflikten herausarbeiten, die sich auseinanderentwickeln oder auch vermischt sein können. Um reine Sachfragen geht es bei einem Sachkonflikt. Die Konfliktparteien machen gegensätzliche Lösungsvorschläge zur Herangehensweise in einer bestimmten Situation oder besitzen unterschiedliche Informationen. Durch lösungsorientiertes Verhandeln oder einen Abgleich von Informationen kann dies rational gelöst werden.

Jedoch nicht, wenn dahinter andere Konfliktursachen stecken, zum Beispiel Werte- oder Beziehungskonflikte, die lediglich auf der Sachebene ausgetragen werden. Den Beteiligten ist dies oft gar nicht bewusst, daher konzentrieren sie sich auf den Sachkonflikt. Wird die konkrete Situation nur rein sachlich gelöst, tauchen vermutlich zwischen den selben Beteiligten schon bald neue, ähnlich gelagerte Sachkonflikte auf, weil die hinter dem Sachkonflikt stehenden tatsächlich relevanten Aspekte, die Werte- und Beziehungsfragen, nicht gesehen und gelöst wurden. Bei einem Wertekonflikt haben die Beteiligten unterschiedliche höchstpersönliche Überzeugungen, Meinungen und Neigungen. So ein Widerspruch kann schnell auf die persönliche Ebene abgleiten, weil Menschen nicht so ohne Weiteres ihre Überzeugungen aufgeben und sich von den Glaubenssätzen anderer überzeugen lassen möchten. Bei einem Beziehungskonflikt ist das Verhältnis zwischen den Beteiligten in aller Regel schwer belastet. Er hat meist eine längere Vorgeschichte, entsteht vor allem aus ungelösten Sach-, Interessen- oder Wertekonflikten und bringt starke negative Gefühle mit sich.

Bei einem Interessenkonflikt liegt eine Konkurrenzsituation vor. Die Interessen und Bedürfnisse der Beteiligten widersprechen sich, sie konkurrieren um dieselben begrenzten Ressourcen, z. B. Aufstiegschancen (Abschn. 4.1.8).

Strukturkonflikte können in Organisationen auftreten, wenn äußere Umstände wie Ressourcenverteilung, Macht und andere Rahmenbedingungen als ungerecht empfunden werden. Sie zeigen sich dann in wiederkehrenden Sachkonflikten oder als Interessenkonflikte und werden zu Beziehungskonflikten, wenn sich die Umstände nicht ändern. Die Beteiligten selbst können diese Umstände oft gar nicht beeinflussen, weil die Rahmenbedingungen außerhalb ihres Einflussbereiches liegen.

Übersicht Konfliktarten

- Sachkonflikte
  - Mangel an Informationen,

- Fehlinformation,
- unterschiedliche Einschätzung darüber, was wichtig ist,
- unterschiedliche Interpretation von Daten,
- unterschiedliche Vorgehensweise zur Bewertung.
- Interessenkonflikte angenommene oder tatsächliche Konkurrenz von:
  - realen (inhaltlichen) Interessen,
  - Verfahrensinteressen,
  - psychologischen Interessen.
- Beziehungskonflikte
  - starke Gefühle,
  - Fehlwahrnehmungen oder Denken in Stereotypen,
  - mangelnde Kommunikation oder Fehlkommunikation,
  - wiederholt negatives Verhalten.
- Wertekonflikte
  - verschiedene Kriterien zur Bewertung von Ideen oder Verhalten,
  - ausschließende Ziele von innerem Wert,
  - unterschiedliche Lebensformen, Ideologien und Religionen.
- Strukturkonflikte
  - destruktive Verhaltens- und Interaktionsmuster,
  - ungleiche Kontrolle, Eigentumsverhältnisse oder Verteilung der Ressourcen,
  - ungleiche Macht und Autorität,
  - geografische, psychische oder umfeldbezogene Faktoren, welche Zusammenarbeit behindern,
  - Zeitzwänge.

Die dargestellten Ursachen eines Konfliktes sind in aller Regel nicht offen erkennbar, sondern spielen sich im Inneren der Beteiligten ab. Nur das Konfliktverhalten der Parteien und die jeweiligen Reaktionen darauf sind nach außen sichtbar.

4.3.2 Konfliktfaktoren

Bei den Faktoren, die einen Konflikt ausmachen, lassen sich eine Innenwelt und eine Außenwelt unterscheiden. Die Innenwelt umfasst Wahrnehmungen, Gefühle und den Willen, wobei alle drei einander bedingen, beeinflussen und sich gegenseitig verstärken. Die Außenwelt umfasst das sichtbare Verhalten und die dadurch erzeugten Effekte. Innen- und Außenwelt stehen zueinander in einem ständigen

Prozess der Wechselwirkung. Die Innenwelt wirkt auf das außen erkennbare Verhalten ein. Dieses hat wiederum Auswirkungen auf das Innenleben und Verhalten des Gegenübers und dessen sichtbares Verhalten wirkt sich dann wiederum auf das Innen- und Außenleben des anderen aus. Dies kann einen Teufelskreis in Gang setzen, der im weiteren Verlauf des Konfliktes die Beteiligten wie ein Strudel immer tiefer in den Abgrund zieht.

4.3.3 Konfliktentwicklung: Eskalationsstufen nach Glasl

Das Phasenmodell der Eskalation nach Friedrich Glasl (2016) stellt dar, wie sich Konflikte entwickeln können, wenn sie nicht aufgelöst werden (s. Abb. 4.1). Das Modell unterteilt die Konfliktdynamik in drei Hauptphasen und neun Stufen. Es veranschaulicht, welche Mechanismen den Konflikt weiter intensivieren und was in den jeweiligen drei Hauptphase unternommen werden kann, um die Konfliktdynamik zu unterbrechen und den Konflikt zu lösen (Abschn. 4.6). **Die drei Hauptphasen der Eskalation**

1. **Win–Win-Phase – Stufe 1 bis 3** Es geht primär um inhaltliche Aspekte. Die Parteien sind in der Lage, miteinander zu kooperieren und ein Ergebnis zu erarbeiten, das für beide Seiten als Gewinn gelten kann.

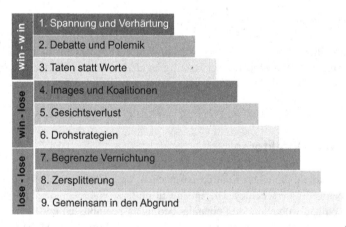

Abb. 4.1 Konfliktstufen nach Glasl. (Eigene Darstellung)

2. **Win-Lose-Phase – Stufe 4 bis 6** Der Konflikt verschiebt sich von der Inhalts-
auf die Beziehungsebene. Der Streitgegenstand verliert an Bedeutung. Die
Auseinandersetzung dreht sich mehr um das Verhältnis der Beteiligten und
es geht darum zu siegen. Der andere soll verlieren.

3. **Lose-Lose-Phase – Stufe 7 bis 9** Ab dieser Stufe geht es in dem Konflikt nur
noch darum, dem anderen möglichst viel Schaden zuzufügen. Die Vernichtung
des Gegners wird zunehmend wichtiger als die eigene Existenz. Es können nur
noch beide Parteien verlieren.

Setzen Konfliktlösungsversuche nur an der Außenwelt an, dann stehen sich Positionen unvereinbar gegenüber und kommt es zu keiner Lösung bzw. entstehen
Konflikte nach einer ersten oberflächlichen Klärung immer wieder neu.

Um Konflikte besser verstehen und nachhaltig lösen zu können, ist es sinnvoll,
die unsichtbaren Hintergründe aufzudecken (Abschn. 4.5 und 4.6). Dafür sehen
wir uns diese nachstehend genauer an.

4.3.4 Das Eisbergmodell

Die Faktoren eines Konfliktes können anhand des Eisbergmodells (s. Abb. 4.2)
veranschaulicht werden. Wie bei Konflikten sind auch bei einem Eisberg die
überwiegenden Anteile (ca. 80 %) auf den ersten Blick nicht erkennbar, da sie
sich unter der (Wasser-)Oberfläche befinden. Sie symbolisieren das Innenleben,

Abb. 4.2 Eisbergmodell

die Hintergründe des Konfliktes. Über der Oberfläche und somit erkennbar ist lediglich die Außenwelt, das Verhalten und dessen Auswirkungen. Neben den bereits genannten drei Faktoren (Wahrnehmungen, Gefühle und Wille) tummeln sich unterhalb der Oberfläche noch folgende Aspekte:

- Vorgeschichte,
- Interessen und Bedürfnisse,
- Beziehungsprobleme,
- innere Konflikte,
- kulturelle Unterschiede,
- Verletzungen,
- geschlechtsspezifische Unterschiede,
- Missverständnisse/Kommunikationsprobleme,
- Werte,
- Unterschiedliche Informationen,
- Strukturelle Bedingungen.

Als kulturelle Unterschiede können auch generationsbedingte Faktoren eine zentrale Rolle spielen. Sie wirken sich z. B. auf Werte aus, auf die Art und Weise der Kommunikation und ganz besonders auf die jeweiligen Interessen und Bedürfnisse.

4.3.5   Konfliktverlauf: heiße und kalte Konflikte

Danach, wie sich Konflikte atmosphärisch weiterentwickeln, wird zwischen heißem und kaltem Verlauf unterschieden. Heiße Konflikte werden offen ausgetragen. Die Konfliktparteien suchen die Konfrontation und kämpfen gegeneinander um ihre Ziele. Solche Konflikte sind offen, also von außen gut sichtbar. Kalte Konflikte hingegen spielen sich verdeckt ab und sind damit nicht ohne Weiteres erkennbar. Die Konfliktparteien glauben nicht mehr an eine Lösung. Statt Auseinandersetzungen herrschen Abgrenzung, Misstrauen, Enttäuschung. Sie gehen sich aus dem Weg, ansonsten ist ihr Umgang formal und höflich. Ob Konflikte in einer Praxis heiß oder kalt ausgetragen werden können, hängt u. a. auch von der Konfliktkultur ab, der des Einzelnen (Abschn. 4.4) und dem in der Praxis vorherrschenden Umgang mit Konflikten (Abschn. 4.5). ·

- Kennzeichen **heißer** Konflikte:
  - hohe Emotionalität,

- direkte Konfrontation,
- Überaktivität,
- Ignorieren von Regeln und Vereinbarungen,
- eigene Vorstellungen durchsetzen,
- es werden die sog. „Erreichungsziele" verfolgt.
- Kennzeichen **kalter** Konflikte
  - scheinbar geringe, unterdrückte Emotionalität,
  - Vermeidung von Konfrontationen,
  - Verschanzen hinter „sachlichen Positionen",
  - Resignation statt Aggression,
  - Sarkasmus und Zynismus,
  - die Parteien verfolgen „Verhinderungsziele".

4.4 Konflikthandhabungstypen

Konflikthandhabungstypen beschreiben unterschiedliche Arten, wie Menschen mit Konflikten umgehen (s. Abb. 4.3). Das Konfliktmodell von Kenneth Thomas und Ralph Kilman unterscheidet hierbei zwei Dimensionen:

- Selbstbehauptung: Orientierung an eigenen Interessen, Sorge um sich selbst,
- Rücksichtnahme: Orientierung an Interessen der anderen, Sorge um andere.

Hieraus lassen sich fünf verschiedene Konflikthandhabungstypen kombinieren.

Dem vermeidenden Konflikttyp fehlen in konflikthaften Situationen sowohl die Fähigkeit zur Selbstbehauptung als auch Kompromissbereitschaft. Er orientiert sich weder an den eigenen Interessen noch an den Interessen der bzw. des anderen. Vielmehr ignoriert er den Konflikt und zieht sich zurück, wodurch der Konflikt nach außen nur schwer erkennbar ist und ungelöst bleibt. Bei Kleinigkeiten mag diese Herangehensweise funktionieren, bei zentralen Themen ist sie hingegen hinderlich, da keine Klärung erfolgt und Arbeitswege blockiert werden. Konfliktpotenzial staut sich an und kann zu einem (kalten) Beziehungskonflikt heranwachsen.

Der dominante Konflikttyp zeichnet sich durch sehr viel Durchsetzungsvermögen und wenig Kooperationsbereitschaft aus, er orientiert sich nur an seinen eigenen Interessen und nicht an denen der anderen. Eine solche Herangehensweise kommt häufig in einer formellen Hierarchie oder einem informellen Über-/Unterordnungsverhältnis vor, wenn der dominierende Beteiligte aus dem Eltern-Ich heraus interagiert (*zu den drei Ich-Zuständen ausführlich* Abschn. 8.1.5).

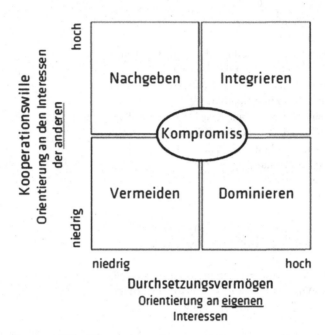

Abb. 4.3 Umgang mit Konflikten

Es geht darum zu gewinnen, was durch Autorität und Macht ermöglicht werden kann, aufgrund einer hierarchisch höheren Position oder größeren Argumentationsstärke. Konflikte werden dadurch schnell geklärt, meist jedoch auf Kosten der Beziehung, weil sich die unterlegene Konfliktpartei übergangen fühlen wird. Mit nachgebenden Konflikttypen als Gegenpart kann dies gut funktionieren, da bei ihnen die Selbstbehauptung gering und die Kooperationsbereitschaft hoch ausgeprägt sind. Sie orientieren sich vor allem an den Interessen der anderen und weniger an den eigenen. Sie kommen anderen gern entgegen und ordnen sich im gehorsamen Kindheits-Ich dem dominanten Eltern-Ich der anderen Konfliktpartei unter. Solange es um kleinere Streitereien geht, kann dies gut funktionieren, doch auf Dauer bleibt das Miteinander für die nachgebende Konfliktpartei unbefriedigend, Konfliktpotenzial kann sich ansammeln und zu einem (vermutlich kalten) Beziehungskonflikt führen.

Kompromissbereite Konflikttypen kombinieren Selbstbehauptung mit Kooperationsbereitschaft. Sie orientieren sich an eigenen und fremden Interessen und vor allem an dem gemeinsamen Ziel, in der Sache weiterzukommen. Damit tragfähige Wege für alle Beteiligten gefunden werden können, stecken sie eigene Interessen zurück und kommen den Interessen der anderen entgegen. Die Konfliktbeteiligten begegnen sich hier aus dem Erwachsenen-Ich heraus auf Augenhöhe und finden gemeinsam einen gangbaren Weg durch beiderseitiges Nachgeben. Die Beziehungsebene bleibt intakt und es kann miteinander weitergearbeitet werden. Im Praxisalltag ist diese Konflikthandhabung sehr beliebt, gerade unter Zeitdruck können so schnell praktikable Kompromisse gefunden werden. Verhandelt wird hier allerdings nur oberhalb der „Wasseroberfläche"; die Positionen werden ausgetauscht und es wird ein Mittelweg gefunden. Die tatsächlichen Interessen und Bedürfnisse der Beteiligten werden nicht besprochen, sodass die Gefahr von Scheinkompromissen hoch ist und unentdeckt bleibendes Konfliktpotenzial zu einem späteren Zeitpunkt auftaucht bzw. sich als kalter Beziehungskonflikt einschleicht.

Der kooperative Konflikttyp kombiniert ebenfalls Selbstbehauptung mit Kooperationsbereitschaft, geht aber noch einen Schritt weiter bzw. taucht tiefer. Ihn interessieren sowohl die eigenen als auch die Interessen der anderen. Er möchte gemeinsam auf Augenhöhe zwischen zwei Erwachsenen-Ichs eine Lösung finden, die allen Interessen und Bedürfnissen gerecht wird, die sämtliche Konfliktparteien wirklich zufriedenstellt. Dies erfolgt durch ein Abtauchen unter die Oberfläche, durch Betrachtung der hinter den Positionen stehenden Bedürfnisse und Interessen. Dieser Konflikttyp nutzt verständnisfördernde Kommunikation, integrative Verhandlungsmethoden und Mediation. Indem gegenseitiges Verständnis entwickelt wird, kann diese Herangehensweise nicht nur aktuelle Konflikte lösen, sondern auch zukünftigen vorbeugen. Gleichzeitig wird die Beziehung zwischen den Beteiligten nicht nur nicht beschädigt, sondern sogar gefördert. So kann sich die Zusammenarbeit langfristig verbessern (s. Tab. 4.2).

Wie eine Führungskraft, ein*e Praxisinhaber*in oder Kolleg*in mit Konflikten umgehen, hängt von zahlreichen Faktoren ab. Zunächst ist das Konfliktverhalten jedes Menschen sehr individuell und wird von seiner Persönlichkeit geprägt. Die Zugehörigkeit zu einer Generation kann die Konflikthandhabung hierbei ganz wesentlich beeinflussen, zum einen, da sie u. a. gefärbt wird von der elterlichen Erziehung bzw. erlernt wurde durch das in der Herkunftsfamilie gelebte Streitverhalten. Zum anderen folgt das nach außen erkennbare Konfliktverhalten aus den im Inneren ablaufenden Faktoren, also auch den Bedürfnissen und Interessen sowie dem Wertemuster der Beteiligten (Abschn. 4.3.2). Generationale Wertemuster sowie je nach Alter und Lebensphase unterschiedliche Gewichtung von Bedürfnissen spielen daher bei der Konflikthandhabung eine zentrale Rolle. Generationsbedingt unterschiedliche Herangehensweisen können Konflikte zusätzlich verstärken, wenn sich die gewählten Strategien nicht ergänzen, sondern widersprechen, Oder wenn eine Seite immer dieselbe Strategie wählt, z. B. Vermeidung, damit aber unzufrieden ist, sodass der Konflikt nicht wirklich gelöst wird, sondern sich auf die Beziehungsebene verlagert.

Die Nachkriegsgeneration wuchs in Familie und Gesellschaft mit unangreifbaren Machtstrukturen auf. Ihre Vorgesetzten gehörten der Kriegsgeneration an, die streng patriarchalisch führte. Im beruflichen Kontext neigt die Nachkriegsgeneration in Konflikten daher zu entweder dominantem oder nachgebendem Verhalten, abhängig davon, in welcher hierarchischen Position sie sich befindet. Babyboomer*innen haben schon aufgrund ihrer großen Zahl frühzeitig gelernt zu kooperieren und sind sehr gut darin, schnell pragmatische Kompromisse einzugehen. Die individuelle Generation X neigt je nach Verhandlungsposition entweder zum Nachgeben oder Dominieren, oder zeigt erste kooperative Herangehensweisen, indem sie Ansätze der integrativen Verhandlung übernimmt, wie z. B. das Harvard-Konzept. Vertreter*innen der Generation Y wurden bereits als Kinder von ihren Eltern ermutigt, die eigenen Bedürfnisse zu artikulieren und lernten in der Schule gewaltfreie Kommunikation. Sie bevorzugen kooperative Konfliktlösungsmethoden, und dieser Trend scheint sich bei der Generation Z, soweit bereits erkennbar, fortzusetzen. Sie wurde ebenfalls von klein auf zu Hause ernst genommen und frühzeitig von ihren Eltern in Entscheidungsfindungsprozesse auf Augenhöhe einbezogen. Ihre Bedürfnisse fanden Beachtung, und dies erwarten sie auch in der Arbeitswelt.

Auch gesellschaftliche Trends spielen bei der bevorzugten Konflikthandhabung eine Rolle. Einige Herangehensweisen sind noch recht jung, insbesondere die meisten kooperativen Methoden, wie integrative Verhandlungstechniken und Mediation. Die älteren Generationen lernten diese erst im Laufe ihres Arbeitslebens kennen, die jüngeren bereits in der Schule, wo seit den 1990er-Jahren Streitschlichtungsverfahren eingesetzt und Schüler*innen zu Streitlots*innen ausgebildet werden. Universitäten lehren heutzutage integrative Methoden, und Studierende erhalten bei eigenen Konflikten die Möglichkeit zu kostenfreier Mediation.

Einfluss auf die Konflikthandhabung jedes Einzelnen nimmt außerdem das Konfliktumfeld. So gehen viele Menschen mit beruflichen Konflikten ganz anders um als mit privaten. Bei Konflikten in Arzt- und Zahnarztpraxen spielt die dort von den Inhaber*innen und Führungskräften bevorzugte und vorgelebte Konfliktkultur eine zentrale Rolle. Das persönliche Konfliktverhalten von Praxisinhabern oder Führungskräften hat enorme Auswirkungen auf die vorherrschende Konfliktkultur in der Praxis. Die individuelle Handhabung von Konflikten durch Mitarbeiter*innen passt sich der in dieser Praxis bevorzugten Konfliktkultur an.

Die Atmosphäre kann zu einer Ermutigung führen, Konflikte offen anzusprechen und zu lösen, oder zu einer Unterdrückung und Vermeidung von Konflikten. Merken Mitarbeiter*innen, dass ihre Führungskraft von Konflikten im Team nichts hören will, dass diese als unwillkommene Störung angesehen und als Schwäche ausgelegt werden, werden sie Konflikte nicht ansprechen. Schon aus der Sorge heraus, diese könnten sich negativ auf ihre Bewertung und somit auf ihre Aufstiegschancen in der Praxis auswirken. Wird hingegen eine offene Streitkultur gelebt, fühlen sich Mitarbeiter*innen ermutigt, Konflikte direkt anzusprechen und lösungsorientiert anzugehen, da dies von ihren Vorgesetzten positiv bewertet wird.

4.5 Konfliktkultur in Praxen

Konflikte in der Zusammenarbeit gehören zum Alltag jeder Arzt- und Zahnarztpraxis. Sie sind an sich weder gut noch schlecht und ohnehin nicht zu vermeiden. So kommt es regelmäßig zu Konflikten in der Storming-Phase von Teams und sie sind ein zentraler und unvermeidbarer Bestandteil in deren normaler Entwicklung (Abschn. 8.1.1). Entscheidend ist, wie damit umgegangen wird; dies bezeichnet man als Konfliktkultur. Jede Arzt- und Zahnarztpraxis hat ihre eigene Konfliktkultur, entweder eine offizielle, systematisierte oder, wenn in dieser Hinsicht bisher gar nichts unternommen wurde, eine informelle, tatsächlich gelebte. Die Konflikthandhabung ist zentraler Bestandteil der Praxiskultur und maßgeblich für das Arbeitsklima verantwortlich. Sie zieht sich durch sämtliche Bereiche der Arzt- und Zahnarztpraxis, über die Werte, den Führungsstil bis zur Zusammenarbeit von Teams, und beeinflusst wesentlich die vorherrschende Arbeitsatmosphäre.

Drei grundlegende Arten von Konfliktkulturen lassen sich hierbei unterscheiden: vermeidend, dominant und kooperativ.

In einer **vermeidenden Konfliktkultur** wird bereits die Existenz von Konflikten ignoriert bzw. geleugnet ("Konflikte haben immer nur die anderen."). Dennoch vorkommende Konflikte werden weder angesprochen noch gelöst, sondern unter den Teppich gekehrt, um eine harmonische Fassade zu wahren. Ursprüngliche Sachkonflikte schwelen so als kalte Beziehungskonflikte unentdeckt weiter. Sie binden Zeit und Energie der Beteiligten, erschweren deren Zusammenarbeit und können Ausgrenzung und Mobbing mit sich bringen. Die Kreativität der Beteiligten wird gehemmt und ihre Motivation sinkt. Unbefriedigte Bedürfnisse der Konfliktparteien machen auf Dauer nicht nur unzufrieden, was zu (inneren) Kündigungen führen kann, sondern auch krank (Abschn. 9.7). Möglicherweise notwendige Veränderungen können nicht angestoßen werden, da Hinweise unbeachtet bleiben.

Eine **dominante Konfliktkultur** sieht Konflikte und geht sie aktiv an, allerdings kämpft hier jeder gegen jeden und versucht, sich durchzusetzen. Bei gefühlten und formellen Hierarchien führt diese Kultur dazu, dass sich eine hierarchisch höher gestellte Beteiligte gegenüber der hierarchisch niedrigeren durchsetzt. Durch Machtkämpfe und Konflikteskalationen wachsen ursprüngliche Sachkonflikte zu heißen Beziehungskonflikte heran. Gemeinsame Praxisziele treten in den Hintergrund, die Zusammenarbeit wird gelähmt und die Arbeitsqualität sinkt. Bei den unterlegenen Konfliktpartner*innen entsteht Frust, und die Motivation sinkt, es kommt zu (inneren) Kündigungen oder Erkrankungen.

In einer **kooperativen Konfliktkultur** werden Konflikte als wertvolle Hinweise für Veränderungsbedarf gesehen, die zu Verbesserungen in der Zusammenarbeit und zu einer Qualitätssteigerung für die gesamte Praxis führen können. Mitarbeiter*innen sind hier zunächst selbst dafür verantwortlich, Konflikte kooperativ zu lösen. Indem frühzeitig gegenseitiges Verständnis aufgebaut wird, können Eskalationen vermieden werden. Stattdessen wird die Beziehungsebene gefördert und die zukünftige Zusammenarbeit verbessert. Dabei bleiben stets die gemeinsamen Ziele der Praxis im Fokus. Mitarbeiter*innen in Arzt- und Zahnarztpraxen mit einer kooperativen Konfliktkultur lernen eigenverantwortlich miteinander zu arbeiten, erbringen höhere Arbeitsleistungen und sind insgesamt kreativer, zufriedener und gesünder.

Da die Konfliktkultur einer Praxis „von oben" bestimmt wird, spiegelt sie die persönliche Konflikthandhabungsweise der Inhaber*innen und Führungskräfte wider. Vermeidende Konflikttypen prägen eine vermeidende Konfliktkultur, dominante eine dominante Konfliktkultur. Kompromissbereite Konflikthandhabungstypen erkennen die Existenz von Konflikten an und fördern einen respektvollen kollegialen Umgang am Arbeitsplatz. Sie setzen auf schnelle und praktikable Lösungen, wodurch sich diese häufig vor allem oberhalb der „Wasseroberfläche" bewegen. Inhaber*innen und Führungskräfte, die selbst kooperativ Konflikte lösen, etablieren in ihren Praxis eine kooperative Konfliktkultur. Bei Unstimmigkeiten setzen sie frühzeitig und tief greifend an, bevor Konflikte sich ausbreiten und eskalieren können.

Im Umgang mit Konflikten und damit der Etablierung einer bestimmten Konfliktkultur zeichnet sich in Arzt- und Zahnarztpraxen ein Wandel der Generationen ab. Die beiden jüngsten Generationen Y und Z lernten frühzeitig, Unstimmigkeiten direkt anzusprechen und gehen daher offen und konstruktiv mit Konflikten um. Sie suchen das Gespräch und möchten eine gemeinsame Lösung finden. Bei Personalverantwortlichen der Generation Y ist bereits erkennbar, dass sie bei eigenen Konflikten selbst integrative Methoden vorleben und diese auch bei Konflikten unter Mitarbeiter*innen bevorzugen. Dadurch prägen sie Praxen in

Richtung kooperative Konfliktkultur. Die Führungskraft kann und sollte hier Vorbild sein, deshalb betrachten wir beim Training, wie Praxisinhaber*innen und Führungskräfte ihre eigene Konfliktkompetenz reflektieren und gezielt verbessern lernen, um eine positive Konfliktkultur (s. Abb. 4.4) vorzuleben und in ihrer Arzt- oder Zahnarztpraxis zu etablieren. Führungskräftetraining ist daher ein wichtiger Baustein beim Aufbau eines umfassenden Konfliktmanagementsystems (Abschn. 4.6).

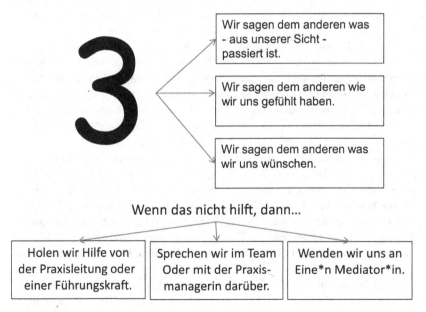

Beispiel für Konfliktkultur in einer Praxis

Streitigkeiten versuchen wir zunächst selbst zu klären!

3

Wir sagen dem anderen was - aus unserer Sicht - passiert ist.

Wir sagen dem anderen wie wir uns gefühlt haben.

Wir sagen dem anderen was wir uns wünschen.

Wenn das nicht hilft, dann...

Holen wir Hilfe von der Praxisleitung oder einer Führungskraft.

Sprechen wir im Team Oder mit der Praxismanagerin darüber.

Wenden wir uns an Eine*n Mediator*in.

Abb. 4.4 Konfliktkultur, die großen Drei (Beispiel aus einer Arztpraxis, eigene Darstellung)

4.6   Konfliktmanagementsystem

Konfliktmanagementsysteme in Arzt- und Zahnarztpraxen dienen der umfassenden Etablierung einer positiven Konfliktkultur, also dem bewussten, systematischen und konstruktiven Umgang mit auftretenden Konflikten. In diesem System werden alle Maßnahmen gebündelt, die dazu führen können, dass Konflikte frühzeitig erkannt und konstruktiv aufgelöst werden. Zusätzlich werden die Erkenntnisse der Konfliktbearbeitung für die Weiterentwicklung der Praxis sowie für die Qualitätssteigerung von Arbeit und Zusammenarbeit genutzt. Konfliktmanagement ist Teil des betrieblichen Gesundheitsmanagements, da ungelöste Konflikte die (psychische) Gesundheit beeinträchtigen können (Abschn. 9.7).

Ein umfassendes Konfliktmanagementsystem beruht auf zwei Pfeilern: Konfliktprävention und Konfliktintervention. Konfliktprävention zielt darauf ab, dass die kollegiale Zusammenarbeit derart optimiert wird, dass unnötige Reibereien vermieden werden, dass durch konstruktive Kommunikation umfassendes gegenseitiges Verständnis geschaffen und wertschätzende Begegnungen auf Augenhöhe ermöglicht werden. Mitarbeiter*innen und Führungskräfte lernen, Unstimmigkeiten und Differenzen frühzeitig so anzusprechen, dass es erst gar nicht zu Eskalationen kommen muss. Konfliktprävention auf der Ebene von Inhaber*innen und Führungskräften umfasst Training, Coaching und Supervision, auf Mitarbeiter*innenseite Training, Coaching, Supervision, Team-Workshops und Teamcoaching. Praxisinhaber*innen und Führungskräfte reflektieren in Trainings und Coachings ihre individuelle Konflikthandhabung und verbessern die persönliche Konfliktkompetenz. Sie lernen, Konfliktfaktoren und Konfliktdynamiken zu erkennen und können dadurch die Eskalationsstufe eines Konfliktes (s. Abb. 4.5) einschätzen und die jeweils passende integrative Konfliktlösungsmethode gezielt einsetzen. Supervisionen, in denen herausfordernde Situationen und Konflikte mit Mitarbeiter*innen sowie anderen Führungskräften reflektiert werden, verfestigen die Konfliktkompetenz. Mitarbeiter*innen lernen in Trainings und Coachings verständnisfördernde Kommunikation, integrative Verhandlung und die Durchführung von Klärungsgesprächen. Teams können durch Teambuilding-Events und Generationenworkshops ihren Zusammenhalt verbessern. Durch Team-Workshops erkennen sie ihre Teamdynamik und Teamentwicklung, sie entwickeln gegenseitiges Verständnis und erarbeiten gemeinsam, was sie als Team ausmacht sowie was der jeweils Einzelne und das gesamte Team brauchen, um gut zusammenzuarbeiten. Im Rahmen von Team-Supervision kann zusätzlich die Arbeit und Zusammenarbeit anhand einzelner Praxisbeispiele reflektiert und verbessert werden. Dadurch werden Engpässe, Belastungen und Reibungspunkte erkannt, bevor daraus Konflikte entstehen.

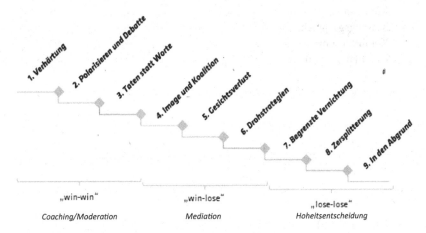

Abb. 4.5 Konflikteskalation nach Glasl

Konfliktintervention umfasst die frühzeitige, systematische und effiziente Bearbeitung von entstandenen Konflikten. Praxisinterne Konfliktanlaufstellen sowie Konflikt-Hotlines können die Transparenz in Sachen Konflikt erhöhen und es Kolleg*innen erleichtern, wahrgenommene Konflikte frühzeitig anzugehen. Führungskräfte lernen Konfliktberatung und Konfliktanalyse, bieten Mitarbeiter*innen Klärungsgespräche an und setzen zeitnah passende Konfliktlösungsmethoden ein. Externe Mediator*innen-Pools oder interne Konfliktlots*innen können zusätzlich hilfreich sein, um zeitnahe Konfliktlösungen in die Wege zu leiten.

Konfliktintervention umfasst außerdem die Konfliktauswertung, eine umfassende Nutzung der Erkenntnisse aus der Konfliktbearbeitung für die Weiterentwicklung der Praxis und für die Prävention zukünftiger Konflikte.

Schulungen und Trainings, die sich damit befassen, Führungskräften in Praxen oder Praxisinhaber*innen Konfliktkompetenzen zu vermitteln, setzen auf folgende Inhalte:

- Reflektion der eigenen Konflikthandhabung,
- Konfliktfaktoren und Konfliktdynamik,
- Integrative Konfliktlösungsmethoden,
- Konfliktprävention:
  - Mitarbeiterschulung,
  - Team-Workshops,
- Konfliktintervention:

- Konfliktanalyse,
- Klärungsgespräch,
- Konfliktlösungsmethode,
- Konfliktauswertung.

Praxismanagement – oder: Was ist das denn?

5

Müller und Schlosser wurde schnell klar, dass das Management, das für eine zukunftsorientierte, wettbewerbsfähige und nachgefragte Praxis nötig sein würde, nicht von Lisa kommen könnte. Lisa war zwar die Praxismanagerin, hatte aber – seien wir mal ehrlich, wie Schlosser immer sagte – den Job eigentlich nicht gelernt, sondern machte ihn so gut es ging. Mal mit mehr, mal mit weniger Erfolg für die Praxis. Sie ließen Lisa machen. Beiden Inhabern schwante, dass es dieses Mal nicht ohne das Zutun von ihnen selbst gehen würde. Nach einigem Hin und Her entschieden sie sich, diese zentrale Aufgabe gemeinsam zu meistern und ihre Unterschiedlichkeit dabei als Stärke zu nutzen. Das – so wurde ihnen schnell klar – war klug und hilfreich, denn die ständigen Konflikte, wessen Vorgehen das bessere sei, fielen weg. Sie gewannen Zeit, die sie für die wesentliche Sache einsetzten: die Zukunftsgestaltung ihrer Praxis. Für diese Gestaltung suchten und fanden Sie Hilfe bei einem renommierten und empfohlenen Praxisberatungsunternehmen, dessen Inhaber und seine Mitarbeiter*innen. Kluge Entscheidung.

Diese Zukunftsgestaltung war keine schnelle Sache, sondern nahm Zeit in Anspruch. Zeit, die sie vorher gern mit der Betreuung der Patient*innen, Gesprächen mit Kolleg*innen, Raufereien mit- und untereinander oder anderen Dingen verbracht hatten. Jetzt war das Zentrum ihrer Aktivitäten die Praxis. Der Satz: „Managen tut nur ein Praxisinhaber, der keine Patienten, aber Zeit hat", fiel in Ungnade und beide fanden ihre Freude daran, zu gestalten, zu entscheiden, zu scheitern, zu lernen und die Arbeitsorganisation für alle Beteiligten besser zu machen. Dabei vertrauten sie ihren Mitarbeiterinnen und banden diese in alle Prozesse mit ein. Sie delegierten Aufgaben und hielten auch gelegentliches Scheitern gemeinsam aus, um später umso erfolgreicher zu sein. Das Miteinander in der Praxis war ein viel besseres. Es ging nicht mehr darum, einen Schuldigen oder eine Schuldige zu suchen und zu richten,

© Der/die Autor(en), exklusiv lizenziert durch Springer Fachmedien
Wiesbaden GmbH, ein Teil von Springer Nature 2021
I. Lütkehaus et al., *Generationenmanagement in Arzt- und Zahnarztpraxis*,
https://doi.org/10.1007/978-3-658-29530-1_5

57

sondern es ging darum, Prozesse für das Miteinander gemeinsam zu verbessern. So entstand wie von selbst ein anderer Managementstil, der nicht mehr autoritär oder patriarchalisch war, sondern demokratisch, partizipativ.

Nach Feierabend ging Müller gern mal zum Zahnärztestammtisch – zum Netzwerken. Da kam er mit einem Kollegen ins Gespräch, der ihm „vorjammerte", dass seine Mitarbeiterinnen alle zu blöd wären, sich die Schuhe zuzubinden. Müller fragte interessiert nach, was denn die Mitarbeiterinnen dazu sagten. Der Kollege berichtete, dass die Mitarbeiterinnen ein ganz anderes Bild von sich hätten als er.

Müller fragte, ob die Mitarbeiterinnen das bestätigen würden, und der Kollege verneinte: „Nein, die halten sich für klug, kreativ und kollegial."

„Na, dann ist doch eigentlich alles okay", meinte Müller.

Nein erwiderte der Kollege, die Mitarbeiterinnen würden lügen. Die sind weder klug noch kreativ oder gar kollegial. Er wisse das! Müller fragte den Kollegen, wie es dazu käme, dass die unklugen, unkreativen und unkollegialen Mitarbeiterinnen alle den Weg in die Praxis des Kollegen gefunden hätten. Bei ihm würden andere Mitarbeiterinnen in Verantwortung stehen. Zudem habe er diese Kompetenz nicht, so zielsicher unkluge, unkreative und unkollegiale Mitarbeiterinnen zu rekrutieren. Bei ihm und seinem Kollegen arbeiteten kluge, kreative und sehr kollegiale Mitarbeiterinnen.

Schließlich fragte Müller seinen Kollegen: „Wie muss man eigentlich als Praxisinhaber denken, fühlen und handeln, damit die ganzen unklugen, unkreativen und unkollegialen Mitarbeiterinnen sich bei einem bewerben und dann auch noch bleiben?"

Der Kollege blieb die Antwort schuldig und verließ den Stammtisch deutlich früher als sonst. Schade.

5.1 Management, was ist das?

Sie können viele unterschiedliche Definitionen für den Begriff Management finden. Es gibt keine universelle, denn je nach Perspektive gibt es einen anderen Blick und somit eine andere Erklärung. Auf jeden Fall versuchen sich Sozial- und Wirtschaftswissenschaften an der Definition. Es lassen sich zwei wesentliche Perspektiven für den betriebswirtschaftlichen Sprachgebrauch ausmachen: 1) eine funktionsbezogene Sichtweise, die Management als leitende Tätigkeit betrachtet und beschreibt, und 2) eine statusbezogene Sichtweise, die das leitende Organ unterschiedlicher Organisationsformen als Management ansieht.

Peter Haric schreibt dazu im Gabler Wirtschaftslexikon (Gabler Wirtschaftslexikon 2018):

„Etymologisch wird die Stammbedeutung des Begriffs einerseits auf den lateinischen Begriff für Hand (manus) bzw. Handanlegen (manu agere) zurückgeführt. Neuere ideengeschichtliche Herleitungen sehen jedoch eher eine Verbindung mit dem italienischen Verb maneggiare für ‚an der Hand führen' bzw. ‚ein Pferd in der Manege führen', aus dem sich das englische Verb to manage (bewerkstelligen, handhaben, führen oder leiten) ableiten soll."

Der Gegenstand betriebswirtschaftlicher Forschung unter der funktionsbezogenen Sichtweise untersucht alle Handlungen von Praxisinhaber*innen, die in den funktionalen Bereichen der Unternehmung (Einkauf, Produktion, Absatz, Finanzierung, Personal, Verwaltung etc.) anfallen. Als Standardmodell dieser Tätigkeiten hat sich der sogenannte Managementzyklus etabliert:

1. Analyse,
2. Zielsetzung,
3. Planung,
4. Entscheidung,
5. Organisation,
6. Delegation,
7. Koordination,
8. Mitarbeiterführung und
9. Kontrolle.

Ein weiteres Modell zum Management stellt der Managementregelkreis (s. Abb. 5.1) dar.

5.2 Hauptaufgaben des Managements größerer Organisationen

Auch Arzt-, Zahnarztpraxen oder (Zahn-)Medizinische Versorgungszentren benötigen Management. Das Management solcher Einrichtungen umfasst ein großes Spektrum an Aufgaben, es

- analysiert die Situation der Praxis in mehreren Dimensionen (Situationsanalyse),
- definiert die Zielsetzung der Praxistätigkeit (Zielbildung),
- plant den Einsatz sowie die Beschaffung und Bereitstellung der dafür nötigen Ressourcen (Praxisplanung),

- entscheidet über das Aktionsprogramm zur Zielerreichung mit den gegebenen Ressourcen (Operationalisierung der Praxisziele),   .
- definiert die Grundlagen für die Weiterentwicklung der Aufbau- und Ablauforganisation für eine möglichst effiziente Zielerreichung (Entwicklung der Praxisorganisation),
- delegiert strategisch wichtige Aktivitäten an eigens geschaffene Projektteams sowie die Umsetzung von Maßnahmen im Rahmen des Aktionsprogramms und die Definition von Teilzielen an die mittlere Management-Ebene,
- koordiniert die Kooperation der verschiedenen Funktionsbereiche der Praxis,
- führt die jeweils unmittelbar zugeordnete Führungskraft des mittleren Managements und definiert den Rahmen (Prinzipien) der Mitarbeiter*innenführung auf der Ebene der Gesamtpraxis (Führungsmodell) – dies gilt nur für größere Praxisorganisationen sowie (zahn-)medizinische Versorgungszentren,
- kontrolliert den Zielerreichungsgrad in Bezug auf die Praxisplanung mittels der Informationen des normativen, strategischen und operativen Controllings.

Größere Organisationen haben für diese Aufgaben i. d. R. drei Management-Ebenen ausgeprägt.

Die Praxisleitung (Praxisinhaber*in) trägt die Gesamtverantwortung für die Praxis und deren strategische Entwicklung, formuliert die strategischen Ziele, trifft grundsätzliche Entscheidungen darüber, wie diese in der Gesamtorganisation erreicht werden sollen und stellt einzelnen Funktionsbereichen Ressourcen für das Erreichen von Teilzielen bereit.

Die mittlere Management-Ebene (Praxismanager*in, Standortleitungen etc.) definiert in Interaktion mit dem Topmanagement die Teilziele für ihren jeweiligen Verantwortungsbereich, trägt Verantwortung für die Erreichung der Teilziele (Einzelentscheidungen im „Tagesgeschäft") und berichtet an die Praxisinhaber*innen über die Fortschritte in der Zielerreichung.

Das untere Management (Medizinische Fachangestellte, Praxismanger*innen, Standortleitungen, kaufmännisches Personal etc.) koordiniert die Tätigkeit der Mitarbeiter*innen mit ausführenden Tätigkeiten in Abstimmung mit dem mittleren Management und ist für die Effizienz und Qualität im Leistungsprozess verantwortlich (Gabler Wirtschaftslexikon 2018).

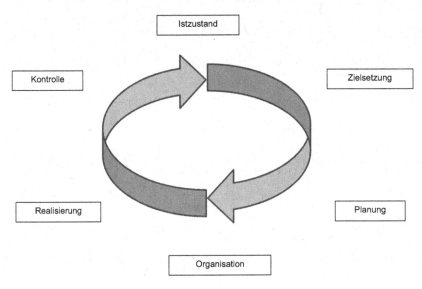

Abb. 5.1   Managementregelkreis

Arbeitsorganisation für verschiedene Generationen – oder: Kann das mal jemand machen?

6

„Kann das mal jemand machen?", rief Müller und meinte, dass das Durcheinander im Wartezimmer beseitigt werden müsste. Es konnte ja nicht sein, dass es dort unaufgeräumt und chaotisch aussah. Er würde da nicht gern sitzen. Alle Zeitschriften und Flyer lagen rum, die Stühle standen nicht – wie er es wünschte – an der Wand, die Pflanzen könnten auch mal wieder gegossen werden, Lüften wäre nicht schlecht, und die Kinderecke sehnte sich auch nach einer ordnenden Hand.

„Früher wäre das nicht passiert. Wieso bin ich der Einzige, der so etwas sieht? Schlosser, ja Schlosser, der hätte Verständnis. Der hat ja für alles Verständnis. Ist ja auch leichter. Aber etwas Leichtes kann jeder, und eine eigene Praxis erfolgreich zu führen, das fällt einem ja nicht in den Schoß", dachte Müller. Er war verärgert.

„Diese neuen Sachen, wohin sollten die führen?", fragte er sich. „Als Praxisinhaber ist man immer allein gegen die Mitarbeiterinnen, Schlosser würde das schon noch merken. So eine Praxis ist eben kein Wunschkonzert, sondern mit harter Hand zum Erfolg zu führen", so glaubte Müller jedenfalls.

Schlosser, der gerade auf dem Weg durch den Praxisflur zum Wartezimmer war, hörte den Ausruf und fragte: „Was gibt es denn?"

Keine Antwort. Ein Blick ins Wartezimmer ließ ihn ahnen, worum es gehen könnte.

„Vermutlich", dachte er, „vermutlich ist das Wartezimmer aus Sicht von Müller nicht aufgeräumt."

Schlosser war schon früh klar, dass Müller und er nicht dieselben Ansprüche an Ordnung hatten. Aus seiner Sicht war das Wartezimmer freundlich, aufgeräumt und doch genutzt. Diese Melange erlebte er als warm, herzlich und – das war ihm wichtig – patientenorientiert. Seine Patient*innen, da war Schlosser sich sicher, lebten ja auch in Wohnungen und Häusern, die nicht aus einem Einrichtungskatalog

© Der/die Autor(en), exklusiv lizenziert durch Springer Fachmedien
Wiesbaden GmbH, ein Teil von Springer Nature 2021
I. Lütkehaus et al., *Generationenmanagement in Arzt- und Zahnarztpraxis*,
https://doi.org/10.1007/978-3-658-29530-1_6

stammten, sondern aus dem richtigen Leben. Da beide eher konfliktscheu waren und „unnötigen" Auseinandersetzungen lieber aus dem Wege gingen, lief es wie es lief. Jeder hatte gute Gründe für sich ausgemacht, sich so zu verhalten, wie er es eben tat. Nicht, um es selbst leichter zu haben, sondern eher, um den Partner, die Mitarbeiterinnen und Patient*innen zu schützen.

Nach Praxisschluss sprachen Müller und Schlosser über den Tag, und irgendwie kamen sie auch auf das Wartezimmer zu sprechen. Beide sahen, dass sie unterschiedliche Erwartungen an die Ordnung in diesem wichtigen Raum hatten und doch dasselbe Ziel verfolgten – nämlich eine hohe Patientenorientierung. Müller und Schlosser wurde erneut erkennbar, dass es für einen Neubeginn einen Abschied brauchte. Einen Abschied von Altem und Erfolgreichem. Dieses Loslassen von gewohnten Mustern müsste gefördert werden, damit gemeinsam und kreativ über einen „Neubeginn" nachgedacht werden konnte. Diese Phase würde Zeit benötigen und möglicherweise Unruhe auslösen, die ausgehalten werden müsste. Erst danach könnten sich Erfolge einstellen, die verankert werden müssten. Ihre Aufgabe wäre es dabei, die Stärkung der Neuerungen zu fördern.

„Noch Fragen, Müller?"

„Keine, Schlosser!"

Ihr Praxiscoach wäre stolz auf sie, da waren sich beide sicher.

6.1   Unterschiedliche Erwartungen an Arbeitsorganisation

Die Performance steigt bei den verschiedenen Generationen unterschiedlich. So beschreibt Martina Mangelsdorf in ihrem Buch *Von Babyboomer bis Generation Z (Mangelsdorf 2015)* folgende Reaktionen, bezogen auf Organisationsstrukturen:

Babyboomer:
Sind Hierarchien und klare Strukturen gewohnt und akzeptieren Autorität, finden sich aber auch mit modernen Matrixstrukturen gut zurecht.

Generation X:
Bevorzugen eine Struktur, die Freiraum und selbstbestimmtes Arbeiten fördert, solange der eigene Aufstieg gewährleistet ist; vereinfachte Strukturen sind gern gesehen, vorausgesetzt, der eigene Einfluss wird nicht beschnitten.

Generation Y:
Sind ohne klassische Hierarchien groß geworden, agieren automatisch auf Augenhöhe und tun sich schwer damit, Autorität zu akzeptieren; flache Hierarchien und direkte Kommunikationswege sind die Organisationsstruktur der Zukunft.

Generation Z:
Mögen klare Strukturen, solange sie ernstgenommen werden, wollen von kompetenten Praxisinhaber*innen lernen und sehen Matrixorganisationen auch als Möglichkeit an, sich in verschiedenen Bereichen auszuprobieren.

Um von solchen Erwartungen profitieren zu können, ist es hilfreich, zu wissen, dass die Feedbackerwartungen in den Generationen ebenfalls unterschiedlich bzw. vielfältig sind. So schätzen die Mitglieder der Generation Z ehrliches, authentisches und realistisches Feedback und sind dabei belastbarer als man denkt. Mitglieder der Generation Y brauchen positive Bestätigung und unmittelbare Belohnung wie die Luft zum Atmen. Je mehr, desto besser. Die Vertreter*innen der Generation X äußern selbst leichter Kritik als Komplimente. Vor dieser Haltung erscheint ihnen ein ständiges Bedürfnis nach Lob und Zuspruch absurd. Die Babyboomer*innen sind es nicht gewohnt, Feedback zu geben oder zu erhalten. Sie tun sich schwer mit Kritik an sich selbst und an anderen. Vor diesem Hintergrund erscheint es verständlich, dass Praxisinhaber*innen, die zu den Babyboomer*innen gehören, nur in den Raum rufen, ohne jemanden direkt zu meinen oder anzusprechen. Zudem neigt diese Generation zur „Selbstmacherei", was dafür sorgt, dass Verantwortungsbereiche gar nicht oder nur grob mit Erwartungen verbunden abgegeben werden. Am Ende macht es aus deren Sicht ohnehin niemand so gut wie sie selbst.

6.2 Delegation als Organisationskonzept

Die meisten Praxisinhaber*innen verbinden mit dem Ausspruch „Kann das mal jemand machen?" wie im vorliegenden Beispiel die Idee der Delegation. Nur stimmt das nicht. Delegation meint etwas anderes und funktioniert so auch nicht. Wikipedia weiß dazu:

> „Die Delegation ist neben Standardisierung und Partizipation eine Form der vertikalen Arbeitsteilung. Ziel der Delegation in hierarchischen Organisationen sind einerseits die Entlastung Vorgesetzter oder übergeordneter Stellen, damit diese sich auf Strategieaufgaben konzentrieren können, sowie andererseits die Erhöhung der Arbeitsmotivation der Mitarbeiter und die Ausschöpfung ihrer Fähigkeiten. Durch

das bewusste Delegieren von Aufgaben mit höherem Anforderungs- als Fähig-keitsprofil des Mitarbeiters kann außerdem Personalentwicklung betrieben werden (Jobenrichment oder Jobenlargement)."

6.2.1 Was spricht eigentlich für Delegation?

Delegation hat viele Vorteile:

- Man schafft sich Freiräume für das Wesentliche.
- Man zeigt Souveränität und Stärke.
- Man bezeugt anderen sein Vertrauen.
- Man nutzt das Potenzial anderer.
- Man fordert und fördert andere.

Ein Mann mit dem Namen John D. Rockefeller soll gesagt haben:

„Ich arbeite nach dem Prinzip, dass man niemals etwas selbst tun soll, was jemand anders für einen erledigen kann."

Und dennoch gibt es viele Praxisinhaber*innen, die zum Selbsttun neigen, denn …

- man kann es selbst besser und schneller,
- man muss nicht lang und breit erklären,
- die eigenen Ansprüche sind halt schwer zu erfüllen,
- niemand hat so viel Erfahrung wie man selbst,
- wenn es schiefgeht, hat man die doppelte Arbeit,
- die anderen haben auch so genug zu tun,
- man hat so alles besser unter Kontrolle,
- es ist unklug, Kompetenz abzugeben,
- o. Ä. m.

Aufgabenteilung und Konzentration auf das Wesentliche können dabei unterstüt-zen, vorhandene Ressourcen erfolgreicher einzusetzen. Denn es gibt Tätigkeiten, die bedenkenlos delegiert werden können:

- Routinearbeiten,
- Spezialist*innenaufgaben,

- Detailfragen,
- vorbereitende Tätigkeiten.

Delegation funktioniert dabei nicht einfach, weil man es sich wünscht oder weil man an geeignet scheinender Stelle kritisiert oder meckert. Delegation funktioniert, wenn Sie die folgenden Punkte berücksichtigen:

1. Überlegen Sie sich, was überhaupt alles zu tun ist.
2. Bestimmen Sie die einzelnen Teilaufgaben.
3. Legen Sie das angestrebte Ergebnis fest.
4. Überlegen Sie sich, welche Abweichungen vom Soll in Kauf genommen werden können.
5. Überlegen Sie sich, welche Schwierigkeiten zu erwarten sind.
6. Delegieren Sie möglichst ganzheitliche Aufgaben.
7. Überlegen Sie, wer aus Ihrem Team die Aufgabe am besten erledigen kann.
8. Fragen Sie auch, für wen die Aufgabe eine Herausforderung darstellt.
9. Achten Sie auf die Arbeitsbelastung Ihrer Mitarbeiter*innen.
10. Geben Sie einen klaren Auftrag.
11. Erläutern Sie Ihrer*m Mitarbeiter*in, warum die Aufgabe wichtig ist.
12. Räumen Sie Ihrer*m Mitarbeiter*in Spielräume bei der Ausführung des Auftrags ein.
13. Stellen Sie die notwendigen Befugnisse und Kompetenzen zur Verfügung.

6.2.2 Wie Delegation gelingt

Die nachfolgende Checkliste ist ebenfalls sehr hilfreich für Ihre Delegationsüberlegungen und -wünsche (s. Tab. 6.1).

Die Delegation von Aufgaben funktioniert am besten, wenn der, der delegiert, die unterschiedlichen Vorlieben bei der Arbeitsplatzgestaltung der Mitarbeiter*innen berücksichtigt. Es muss zur Person und zum Arbeitsplatz passen (s. Tab. 6.2 und Tab. 6.3).

Tab. 6.1 Checkliste Delegation

	Frage	erledigt
Was?	Was ist überhaupt alles zu tun? Welche Teilaufgaben sind im Einzelnen zu erledigen? Welches Ergebnis wird angestrebt? Welche Abweichungen vom Soll können in Kauf genommen werden? Welche Schwierigkeiten sind zu erwarten?	
Wer?	Wer ist geeignet, diese Aufgabe oder Tätigkeit auszuüben? Wer soll bei der Ausführung mitwirken?	
Weshalb?	Welchem Zweck dient die Aufgabe oder Tätigkeit? Was passiert, wenn die Arbeit nicht oder unvollständig ausgeführt wird?	
Wie?	Wie soll bei der Ausführung vorgegangen werden? Welche Verfahren und Methoden sollen angewendet werden? Welche Vorschriften und Richtlinien sind zu beachten? Welche Stellen/Abteilungen sind zu informieren? Welche Kosten dürfen entstehen?	
Womit?	Welche Hilfsmittel sollen eingesetzt werden? Womit muss der/die Mitarbeiter/in ausgerüstet sein? Welche Unterlagen werden benötigt?	

Tab. 6.2 Arbeitsplatzgestaltung der Generationen I

	Babyboomer	Generation X	Generation Y	Generation Z
Arbeits-platzgestaltung	Sie mögen moderne Arbeitsplatzgestaltung nicht sonderlich, es sei denn, sie profitieren erlebbar und einfach davon.	Mitglieder dieser Generation sind offen für neue Arbeitsplatzgestaltung, aber sie muss individuell sein.	Sie wollen einen modernen Arbeitsplatz mit Wohlfühlfaktor. Sie mögen es nachhaltig, abwechslungsreich, so es geht, warm und offen. Die Note darf individuell sein.	Sie stehen für aktuelle Trends und setzen diese gern fort. Eine digitale Umgebung gewinnt zunehmend an Bedeutung. Die Arbeit selbst und das menschliche Umfeld sind ihnen wichtiger als der räumliche Arbeitsplatz.
Flexibilität	Sie freuen sich über Flexibilität, aber erwarten oder fordern sie nicht. Maßgeschneiderte Arbeitsmodelle sind sehr ungewohnt; Verpflichtung und Leidenschaft stehen an erster Stelle.	Flexibilität ist ein wichtiger Schlüssel, ihr Leben in guter Balance steht ganz oben auf der Liste.	Sie fordern absolute Flexibilität und die Freiheit, zu entscheiden, wann, wo und wie sie arbeiten wollen. Sie vertrauen auf Technologie und nutzen diese gern, wenn es ermöglicht wird, um sich und anderen Flexibilität zu ermöglichen.	Sie haben noch keine klare Präferenz, sind aber dank mobiler Kommunikation und zunehmender Wertschöpfung im Wissenszeitalter absolute Flexibilität gewohnt.
Organisationsstruktur	Sie sind Hierarchien und klare Strukturen gewohnt und akzeptieren Autorität, finden sich aber auch mit modernen Strukturen dank diplomatischem Geschick gut zurecht.	Sie bevorzugen eine Struktur, die Freiraum und selbstbestimmtes Arbeiten ermöglicht, solange der Eigene Aufstieg gewährleistet ist. Sie vereinfachen Strukturen gern, vorausgesetzt, die Eigenen Einflussmöglichkeiten werden nicht beschnitten.	Sie sind ohne klassische Hierarchien groß geworden, agieren automatisch auf Augenhöhe und tun sich schwer damit, Autorität zu akzeptieren. Flache Hierarchien und direkte Kommunikationswege sind die Organisationsstruktur der Zukunft.	Sie mögen klare Strukturen, solange sie ernstgenommen werden, wollen von kompetenten Führungskräften lernen und sehen Großorganisationen auch als Möglichkeit, sich in verschiedenen Bereichen auszuprobieren.

Tab. 6.3   Arbeitsplatzgestaltung der Generationen II

	Babyboomer	Generation X	Generation Y	Generation Z
Maßnahmen	arbeitsgerechte Arbeitsplätze gestalten, gesundheitsfördernde Angebote machen, flexible Arbeitszeitmodelle entwickeln und etablieren, kreative Übergangs-modelle schaffen, maßgeschneiderte Konzept und individuelle Lösungen	vorübergehende Freisetzung anbieten, an neuen Standort vermitteln, wenn möglich, selbstständige als Dienstleister engagieren, gemeinsam nach kreativen Lösungen für eine Fortbeschäftigung suchen	gute Leute zurückzuholen zum erklärten Ziel machen, kostengünstiges Personalmarketing über Social Media, „passive Talent-Pools" bilden, Multiplikatoren-Effekt relevanter Netzwerke nutzen, Reichweite optimieren	bei der Berufsorientierung helfen, herausfinden Eigener Stärken und Lebensziele unterstützen, Brüche im Lebenslauf akzeptieren langfristige, ganzheitliche Perspektive annehmen, in die Entwicklung junger Menschen investieren
Positiver Nebeneffekt	Rentner sind als Eltern, Konsumenten und Multiplikatoren zu verstehen, die Einfluss auf Arbeitgeber, Arbeitsmärkte und berufliche Entscheidungen junger Talente haben	der Versuch, abgeworbene Mitarbeiter mit einem Gegenangebot umzustimmen, kann ein wichtiges Signal setzen (und gibt Einblicke ins Angebot des Mitbewerbers)	ehemalige Mitarbeiter zurückzubringen spart Kosten von der Rekrutierung bis zur Einarbeitung, die Unsicherheit in Bezug auf die Eignung neuer Mitarbeiter entfällt	Wer die Generation Z gut ausbildet und fit für die Zukunft macht, trägt wesentlich dazu bei, Wirtschaft und Gesellschaft zu stärken, unabhängig vom Eigenen Profit.

Führung in der Arzt- und Zahnarztpraxis – oder: Wie man in den Wald hineinruft, so schallt es heraus

7

Schlosser war sich sicher, dass er nicht so führen wollte, wie Müller es getan hatte. „Zuckerbrot und Peitsche" – das war nichts für ihn. Schon bei seinem damaligen Chef hatte er nicht viel davon gehalten und sich geschworen, es später, in der eigenen Praxis, anders zu machen. Das war nicht immer einfach, weil Müller eine andere Einstellung gelebt hatte und die Mitarbeiterinnen diese gewohnt waren. Bedürfnisorientiert oder situativ zu führen, das war anders und deutlich mehr an den Mitarbeiterinnen ausgerichtete als der eher „väterliche" Stil von Müller. In einigen Sitzungen mit Müller und letztlich in einem Workshop mit ihrem Praxiscoach hatten Müller und Schlosser sich für eine andere, „bessere" Führungskultur oder -haltung entschieden. Das war gut so. Beide räumten sich ein, dass es ihnen darum ging, immer ein Stückchen besser zu werden. Nie ging es ihnen darum, alles richtig zu machen. Diese Einstellung half ihnen als Führungsduo, ihren Mitarbeiterinnen und letztlich auch ihren Patient*innen.

Müller und Schlosser hatten es als sehr hilfreich und passend empfunden, sich damals ein Wochenende lang in Klausur zu begeben, um sich der Frage zu widmen, wie sie denn gemeinsam führen und leiten wollten. Dabei waren sie sich einig, dass ihr Führungsverhalten dazu geeignet sein sollte, dass ihre Mitarbeiterinnen gern zur Arbeit in die Praxis kamen. Arbeit bei Müller und Schlosser sollte Spaß machen und Spaß machen dürfen.

Vielleicht, vielleicht waren sie auf dem Wege, echte Leader zu werden. Echte Leader, so hatten sie mal irgendwo aufgeschnappt, echte Leader tun die richtigen Dinge. Praxismanager*innen tun die Dinge richtig.

I. Lütkehaus et al., *Generationenmanagement in Arzt- und Zahnarztpraxis*, https://doi.org/10.1007/978-3-658-29530-1_7

7.1   Grundlagen der Führung

Führung bedeutet die Einflussnahme auf Mitarbeiter*innen mit dem Ziel, Praxisaufgaben zu erfüllen. Zwischen der Führungskraft und der geführten Person liegt eine offizielle Hierarchiestufe, eine soziale Beziehung der Über- und Unterordnung. Neben der Orientierung auf die Erreichung von Zielen besteht Führung auch in der Motivation der Mitarbeiter*innen und in der Sicherung des Gruppenzusammenhalts. Führungsverhalten umfasst somit zwei wesentliche Dimensionen: die Orientierung an den Bedürfnissen der Mitarbeiter*innen und den Fokus auf Aufgaben. Erfolgreiche Führung ist ein komplexer Prozess und setzt sich aus vielen Faktoren zusammen, und zwar individuellen Persönlichkeitseigenschaften der Führungskraft, fachlicher Autorität, den situativen Bedingungen und sozialen Beziehungen und dem Einsatz von passenden Führungsstilen (s. Abb. 7.1).

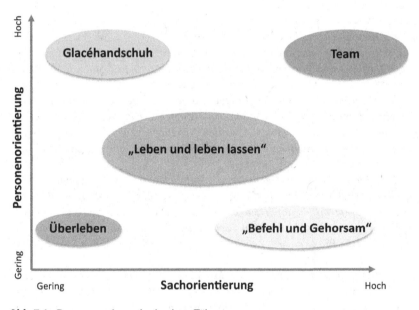

Abb. 7.1 Personen- oder sachorientierte Führung

7.1.1   Aufgaben des Führens

Die Hauptaufgaben des Führens lassen sich wie folgt beschreiben:

1. **Informieren**
   zum Beispiel über Ziele, Strategien, geplante Maßnahmen, Erwartungen an die Mitarbeiter*innen, Kriterien zur Bewertung der Arbeitsergebnisse, finanzielle Situation der Praxis, Gründe für bestimmte Entscheidungen u. Ä.;
2. **Verantwortung übernehmen**
   zum Beispiel für die Arbeitsbedingungen, das Arbeitsklima (Konflikte angehen), angemessene Entlohnung, Fehler (nach „außen" auch für die der Mitarbeiter*innen), Arbeitsorganisation, Einhaltung der Regeln bei der Zusammenarbeit;
3. **Fürsorge**
   zum Beispiel Gefahrenschutz, Sicherung des Arbeitsplatzes, Förderung der Entwicklungsmöglichkeiten am Arbeitsplatz, Berücksichtigung der Individualität der Mitarbeiter*innen;
4. **Kontrolle**
   zum Beispiel Arbeitsergebnisse, Einhaltung der Regeln der Zusammenarbeit, Konsequenzen bei Regelverstößen formulieren und einhalten.

Mit anderen Worten, Mitarbeiter*innen erwarten von ihren Führungskräften, Praxisinhaber*innen u. a.,

- dass diese wissen, was sie wollen,
- dass sie wissen, wie es erreicht werden soll,
- Korrekturen bei „Fehlentwicklungen" und
- Anerkennung der Arbeitsleistung.

Führung benötigt ein klar kommuniziertes Regelwerk. Das bedeutet, dass zwar situativ, jedoch niemals willkürlich geführt wird. Regeln, die sich bewährt haben, lauten:

1. Es gibt Regeln, denen sich alle Beteiligten unterordnen müssen.
2. Wer foult, wird „zurückgepfiffen".
3. Wer die Regeln grob oder fortwährend missachtet, wird ermahnt und anschließend verwarnt.
4. Wer verwarnt ist, muss damit rechnen, bei weiteren unsauberen Aktionen vom Platz gestellt zu werden.

Dabei kommt es darauf an, immer wieder Verständnis dafür zu entwickeln, dass unterschiedliche Generationen unterschiedliche Erwartungen an Führung und Führungskräfte haben. Diese Unterschiedlichkeit gilt es alltäglich zu berücksichtigen und sich dabei selbst gewahr zu sein, dass die*der Praxisinhaber*in in einer Rollenvielfalt steckt, die je nach Situation andere Rollenanforderungen wirklich werden lässt. Diese Rollen können unter anderen Folgende sein:

- (Zahn-)Arzt*(Zahn-)Ärztin,
- Manager*in,
- Mitarbeiter*innen-Coach,
- Teamentwickler*in,
- Verantwortungsträger*in,
- „Leitwölfin"*„Leitwolf",
- Löwenbändiger*in,
- Patientenversteher*in,
- u. v. a. m.

7.1.2 Führungsstile

In der Literatur werden zahlreiche Führungsstile unterschieden, die wir hier zusammenfassend darstellen. Der autokratische bzw. autoritäre Führungsstil bedeutet unumschränkte Selbstherrschaft. Hier werden alle Entscheidungen von oben herab diktiert, es herrscht eine klare hierarchische Ordnung. Die Führungskraft trifft alle Entscheidungen und die Mitarbeiter*innen müssen dem Folge leisten. Vorteile sind die klare Zielführung und die Schnelligkeit der Entscheidungsfindung. Nachteilig ist, dass bei den Untergebenen kaum Raum für Kreativität bleibt, sodass wenig neue Ideen entstehen und verwirklicht werden können. Ähnlich hierarchisch ist der charismatische Führungsstil, bei dem die Legitimation der Vorgesetzten von ihrer Ausstrahlung untermauert wird. Die Mitarbeiter*innenmotivation wird darüber gehalten, dass die Führungskraft als Vorbild gesehen wird. Beim bürokratischen Führungsstil stehen die Richtlinien der Praxis im Vordergrund, sie haben gesetzesähnlichen Stellenwert. Der Status der Mitarbeiter*innen und die Führungsrolle der Vorgesetzten werden über Stellenbeschreibungen, Dienstanweisungen und sonstige Vorschriften geregelt. Größtmögliche Freiheit gewährt den Mitarbeiter*innen der sogenannte Laissez-faire-Führungsstil. Die Führungskraft greift hier nicht ein, die Mitarbeiter*innen organisieren sich vielmehr selbst und bestimmen ihre Aufgaben und ihre Art und Weise der Zusammenarbeit. Beim kooperativen, demokratischen Führungsstil

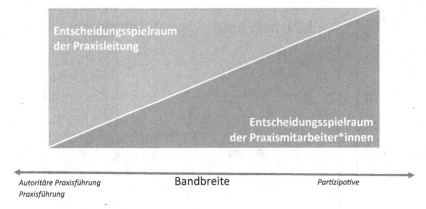

Autoritäre Praxisführung   **Bandbreite**   *Partizipative*
Praxisführung

Abb. 7.2 Entscheidungsspielräume von Mitarbeiter*innen in der Praxisführung

bezieht die Führungskraft die Mitarbeiter*in bei Entscheidungsfindungsprozessen gezielt mit ein. Dadurch fördert sie Selbstständigkeit und Kreativität der Mitarbeiter*innen, gleichzeitig kann dieser Führungsstil zu einem Mangel an eindeutiger Struktur und Richtung mit sich bringen und langwierige Entscheidungsfindungsprozesse zur Folge haben. Der partizipative Führungsstil ist eine Mischung aus autoritärem und kooperativem Führungsstil. Hier werden die Mitarbeiter*innen in einem genau definierten Rahmen und begrenzten Umfang in die Entscheidungsfindung mit eingebunden. Im Übrigen gilt der autoritäre Führungsstil.

Alle dargestellten Führungsstile haben Stärken und Schwächen und passen nicht immer gleich gut. Daher wurden situative Führungsstile entwickelt, die davon ausgehen, dass die Führungsperson für den Einzelfall abwägt, welcher Führungsstil am erfolgsversprechenden ist, abhängig vom sogenannten Reifegrad der zu führenden Mitarbeiter*innen (s. Abb. 7.2).

7.1.3 Das Reifegradmodell

Um beurteilen zu können, welcher Führungsstil zu welchem Team und in welcher Situation passt, entwickelten Paul Hersey und Ken Blanchard das sogenannte Reifegradmodell Hersey und Blanchard 1982). Nach deren Theorie des situativen

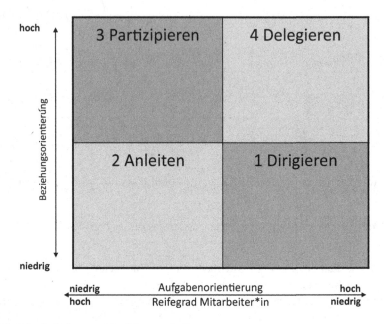

Abb. 7.3 Aufgaben- und Beziehungsorientierung

Führens lässt sich im Einzelfall messen, in welcher Entwicklungsstufe sich Mitarbeiter*innen befinden, und daraufhin entscheiden, wie Aufgaben passend dazu übertragen werden können, also welcher Führungsstil der passendste ist.

Der Reifegrad von Mitarbeiter*innen setzt sich zusammen aus psychologischer Reife (Motivation) und Arbeitsreife (Fähigkeiten). Entsprechend lassen sich auch zwei Aspekte der Führung unterscheiden: Aufgabenbezogene Führung konzentriert sich auf Vorgaben, Erwartungen und Zielsetzungen und mitarbeiterbezogene Führung auf den persönlichen Kontakt, auf Unterstützung und Wertschätzung. Es lassen sich vier Reifegrade unterscheiden (s. Abb. 7.3 und Tab. 7.1).

7.2   Feedback als Führungsinstrument

Feedback dient als zentrales Führungsinstrument, insbesondere bei sämtlichen kooperativen, partizipatorischen und situativen Führungsstilen. Als Instrument der

Tab. 7.1 Reifegrad von Mitarbeiter*innen

Reifegrad	Bedeutung	Führungs aufgabe	Erläuterung
1	weder fähig noch motiviert	dirigieren	Es erfolgen genaue Vorgaben und An Schritt wird über aufgabenbezogen.
2	wenig fähig, aber motiviert	anleiten	Die Mitarbeiter lernen noch, hier ist der persönliche Kontakt wichtig, aber auch klare inhaltliche Vorgaben. Der Führungsstil ist aufgaben
3	Fähig, aber unmotiviert	partizipieren	Die Motivation wird dadurch erhöht, dass die Mitarbeiter in Entscheidungsprozesse mit einbezogen werden. Der Führungsstil ist weniger aufgabenbezogen, aber dafür stark mitarbeiter
4	fähig und motiviert	delegieren	Die Verantwortung für Aufgaben kann hier auf die Mitarbeiter übertragen werden; aufgaben mitarbeiterbezogene Führung sind hier wenig ausgeprägt.

Personalführung bedeutet es die persönliche mündliche Rückmeldung der Führungskraft an die Mitarbeiter*innen mit dem Ziel, Motivation und Leistung zu steigern. Das Feedback kann formal erfolgen, etwa als Mitarbeiter*innengespräch zu einem festgelegten Zeitpunkt, z. B. zum Jahresende; dann findet es regelmäßig statt und wird in die Organisationsstrukturen integriert.

Feedback kann aber auch situativ erfolgen, als direkte Reaktion auf eine Aufgabenausführung. Um qualitätsverbessernd und motivationssteigernd zu wirken, wird es dann konkret und nach Möglichkeit zeitnah vermittelt und auf eine zuvor klar kommunizierte Zielsetzung sowie die darauf ausgerichtete konkrete Aufgabe bezogen. Es enthält keine Bewertung der Persönlichkeit, aber eine Ermutigung sowie aufgabenbezogene Lernhinweise.

Vier Funktionen des Feedbacks können unterschieden werden:

1. **Informationsfunktion**: Das Feedback informiert über den Grad der Zielerreichung; positives Feedback zeigt an, dass das Arbeitsziel erreicht wird, negatives hingegen, dass es noch nicht erreicht wurde.
2. **Lernfunktion**: Negatives Feedback informiert die Mitarbeiter*in mithilfe von Verbesserungsvorschlägen darüber, was sie selbst ändern kann, um das Ziel zukünftig besser zu erreichen. Hierdurch erhält sie die Möglichkeit, etwas dazuzulernen.

Tab. 7.2 Feedback-Botschaften

Botschaft	Anmerkung
MAN-Botschaften	• sind anonym, kommunikationstötend • sind Ausflüchte, Phrasen • ersticken jede Debatte im Keim
WIR-Botschaften	• sind kompliziert, verwirrend, ausweichend • betonen Gemeinsamkeiten • etc.
DU-Botschaften	• sind fordernd, aggressiv, bedrängend, provozierend, verletzend und • diskreditieren die Selbstachtung des Gegenübers
ICH-Botschaften	• sind klar, verständlich, nicht angreifend, vorsichtig konfrontierend, einleuchtend • sind vermittelnd, wertschätzend

3. **Motivationsfunktion**: Positives Feedback erhöht die Wahrscheinlichkeit, dass das erwünschte Verhalten verstärkt gezeigt wird.

4. **Veränderung des Selbstbildes:** Feedback von Führungskräften, Kolleg*innen oder Untergebenen kann zu einer Angleichung zwischen Selbst- und Fremdbild führen.

Feedback kann seine Möglichkeiten nicht entfalten, wenn der bzw. die Feedbackgeber*in sich hinter Floskeln versteckt und so „angreifbar" wird. So macht es keinen Sinn, sich hinter „Man-Botschaften" zurückzuziehen, wie z. B.: „Das macht man aber nicht." Unangenehm kann es werden, wenn auf dieses Feedback mit einer Frage geantwortet wird, die herausfinden will, wer „man" denn sei (s. Tab. 7.2).

Und wie könnte ein solches Feedbackgespräch aussehen bzw. laufen? Dazu hier ein möglicher Gesprächsleitfaden (s. Tab. 7.3).

7.3 Führungsstile der Generationen

Vertreter*innen der Nachkriegsgeneration wuchsen in autoritären und hierarchischen Strukturen auf und tendieren selbst zu eher autoritären und bürokratischen Führungsstilen. Oder sie stellen die eigene Persönlichkeit als Vorbild in den Vordergrund und entscheiden sich für einen charismatischen Führungsstil. Als Umkehrbewegung zu den noch sehr hierarchischen Erfahrungen ihrer Kindheit, Jugend und ersten Jahre ihres eigenen Berufslebens neigen manche Babyboomer*innen dazu, Mitarbeiter*innen sehr viel Raum für Eigenverantwortung zu geben (Laissez-faire). Ansonsten lernten sie früh zu kooperieren und neigen zu

Tab. 7.3 Leitfaden Feedbackgespräch

Schritt	Inhalt
1	**kurzer, positiver Gesprächseinstieg** *„Es ist schön, Sie zu sehen."*
2	**Situation wertfrei darstellen** *„Sie haben meinen Auftrag nicht ausgeführt."*
3	**ICH-Botschaft I** *„Das bedeutet für mich … "*
4	**ICH-Botschaft II** *„Ich fühle mich dabei … "*
5	**Ball abgeben** *„Was werden Sie jetzt tun?"*

Tab. 7.4 Checkliste Führungsgespräch für Praxisinhaber*innen

Checkliste für Praxisinhaber*innen	erledigt
Lassen Sie fachliche Kompetenz erkennbar werden, argumentieren Sie sachlich.	
Seien Sie Mensch, zugewandt und kommunikationsstark. Benennen Sie in Mitarbeiter*innengesprächen die ungewöhnliche Situation und schätzen Sie die Erfahrungen der älteren Kollege*innen.	
Zeigen Sie als Praxisinhaber*in Empathie und versetzten Sie sich in Ihr Gegenüber. Fragen Sie nach, wenn Sie etwas nicht verstanden haben sollten.	
Duzen Sie nicht zum Selbstzweck. Reflektieren und reduzieren Sie mögliche Eigene Altersvorurteile.	
Sprechen Sie offen über Fehler. Fangen Sie bei Ihren Eigenen an. Nutzen Sie Feedbackregeln, indem Sie bei sich bleiben und nicht über ihr Gegenüber sprechen.	
Beteiligen Sie ältere und erfahrene Mitarbeiter*innen stärker.	
Führen Sie partizipativ oder demokratisch. Delegieren Sie Kompetenzbereiche, Beteiligen Sie Mitarbeiter*innen am Entscheidungsprozess.	
Bedenken Sie: Ältere Mitarbeiter*innen denken und handeln anders als Sie, berücksichtigen Sie diesen Umstand.	
Reflektieren und hinterfragen Sie ihr Handeln, ohne sich von Unsicherheit blockieren zu lassen.	

Tab. 7.5 Checkliste Führungsgespräch für Personalverantwortliche

Checkliste für Personalverantwortliche	erledigt
Machen Sie den Auswahlprozess transparent: Je genauer das Anforderungsprofil, desto klarer wird, wer qualifiziert ist und wer nicht.	
Fördern Sie ein altersfreundliches Klima, dies wird auch Ihre Arbeit als Führungskraft unterstützen.	
Stellen Sie sicher, dass die Führungskräfte über ausgeprägte soziale Kompetenzen und Kommunikationskompetenzen verfügt. Sollte dies nicht der Fall sein, qualifizieren Sie Ihre Führungskräfte.	
Führen Sie Weiterbildungsmaßnahmen zum Thema Mitarbeiterführung und Konfliktmanagement durch. Beteiligen Sie z. B. im Rahmen von Team-workshops alle Teamkolleg*innen.	
Machen Sie von Teamsitzungen Gebrauch, um die neue Situation einzuführen und Ihre Führungskraft zu entlasten.	

kooperativen, demokratischen Führungsstilen. Die Generation X führt partizipativ oder im Rahmen des Reifegradmodells situativ. Auch implementiert sie transaktionale Führungsstile, bei denen es um einen eher sachlichen Austausch geht zwischen individueller Leistung der Mitarbeiterinnen und entsprechender Reaktion der Führungskraft. Diese Führungskraft kommuniziert die konkreten Anforderungen und Zielvorgaben und reagiert bei guter Leistung der Mitarbeiter*innen mit einer entsprechenden Belohnung. Bei jüngeren Führungskräften der Generation Y ist ein transformationaler Führungsstil erkennbar. Hier steigern Führungskräfte die intrinsische Motivation ihrer Mitarbeiter*innen, indem sie attraktive Perspektiven aufzeigen, den gemeinsamen Weg zur Zielerreichung kommunizieren, übergeordnete gemeinsame Visionen vermitteln und als Vorbild auftreten. Die Führungskraft erkennt die Bedürfnisse der Mitarbeiter*innen, unterstützt deren individuelle Entwicklung und belohnt sie, wenn die erwartete Leistung vollbracht oder übererfüllt wird. Typische Mittel der transformationalen Führung sind Mitarbeitergespräche und Zielvereinbarungen. Vertrauen, Respekt, Bewunderung und Loyalität stehen hier im Vordergrund.

7.3.1 Alt führt Jung

Biggi, Monika und Heidi waren es gewohnt, sich stets leidenschaftlich und aufopferungsvoll für die Praxis einzusetzen. Solch ein Einsatz freute Müller. Biggi war wirklich das Urgestein der Praxis. Müller hatte alles mit ihr gemeinsam aufgebaut und weiterentwickelt. Sie waren durch dick und dünn gegangen und hatten zusammen gute und weniger gute Tage gesehen. Müller – und Schlosser eigentlich auch – war froh, dass er Biggi damals eingestellt hatte. Da hatte er mal alles richtig gemacht. Biggi war Müllers rechte Hand, sein Mädchen, sein Ohr, sein Fels in der Brandung. Auf Biggi war Verlass. Sie hatte den Laden im Griff.

Als die Praxis dann stetig weiter wuchs und die Kolleginnen immer jünger wurden, kam es zu Problemen. Marie und Hanna tickten einfach anders als Biggi und ihre Crew. Zwischen Biggi und Marie gab es einen Altersunterschied von fast 40 Jahren. 40 Jahre! Da kam es immer mal wieder zu Reibereien und Unstimmigkeiten. Wie oft dachte Biggi, dass das so nicht ginge, wie Marie oder Hanna es machen wollten. Biggi erinnerte sich dann an ihre Zeit, als sie bei ihrem früheren Ausbilder – Dr. Wagner – vor allem gehorchen musste. Die jungen Kolleginnen heute sahen vieles anders. Sie überschätzten sich häufig. Mochten Anleitung auf Schritt und Tritt. Wollten stets Feedback. Mochten frei und auch gebunden sein. Fragten ständig nach dem Nutzen, den sie von etwas hatten. Sie wollten respektiert werden und sich nicht hinten anstellen. Sie „klauten" einem Zeit. Sie mochten keinen Druck. Sie standen bei den Chefs hoch im Kurs.

Und Biggi, Biggi sollte mit all dem gut umgehen, und zwar am besten so, dass die jungen Kolleginnen gern in der Praxis arbeiteten und blieben. Na toll, das ginge ja gar nicht!

Aufgrund der demografischen Entwicklung und der damit einhergehenden längeren Verweildauer der Babyboomer auf ihren Positionen, auch in der ambulanten Medizin, führen diese sehr oft junge Mitarbeiter*innen. In vielen Praxen kann es daher vorkommen, dass altgediente Mitarbeiter*innen auf sehr junge Kolleg*innen stoßen.

Junge Menschen fühlen sich in Praxen von Anfang an als vollwertige Teammitglieder. So, wie sie es von klein auf gewöhnt sind. Urlaubsziel, Abendessen, Freizeitgestaltung – in vielen Familien geben die Kids den Ton an. Autorität? Längst überholt. Stattdessen wird mehr oder minder erfolgreich Erziehung auf Augenhöhe praktiziert.

Früher war die Rechnung einfach: Alter gleich Respekt. Und heute? Die Generationen Y und Z sehen es gar nicht ein, Führung aufgrund von Alter, Status oder Autorität bedingungslos zu akzeptieren. Statt sich unterzuordnen, wird die Praxismanager*in oder die Führungskraft hinterfragt. Die Generationen Y und Z sind furchtlos und sehen sich im Recht. Denn im Gegensatz zu vorherigen Generationen sind die jungen Menschen heute besser ausgebildet, haben Zugang zu neuen Wissensquellen und verstehen diese bestmöglich zu nutzen. Um jetzt als Führungskraft ernst genommen zu werden, gilt daher vor allem eine Devise: Respekt muss man sich verdienen! Leistung und Performance sind die Dinge, die wirklich zählen.

Boni oder ein besserer Status bringen die Generationen Y und Z nicht mehr zum Galoppieren. Was stattdessen zieht: Work-Life-Balance. In Form von modernen Arbeitszeitmodellen, Vertrauensarbeitszeit oder der Möglichkeit, ein Sabbatical zu nehmen. Außerdem ganz weit oben auf dem Wunschzettel junger Mitarbeiter: persönliche Entfaltung und Weiterentwicklung. Das motiviert die Generationen Y und Z wie keine andere. Sie wünschen sich von ihren Chef*innen ein offenes Ohr für ihre Anliegen und Sichtweisen und individuelle Förderung. Ob Prophylaxe-Kurs, Onlineseminare oder Coaching – damit können Praxisinhaber*innen bei ihren jungen Mitarbeiter*innen punkten.

Und auch wenn ein starker Fokus auf Privatleben, Freund*innen und Familie liegt – das bedeutet nicht, dass die Generationen Y und Z nicht auf berufliche Anerkennung aus sind. Neben dem Antreiber „Spaß" ist Erfolg die wichtigste Währung! Daher gilt: loben, loben, loben! Natürlich nur, wenn es auch angebracht ist. Junge Mitarbeiter*innen freuen sich über wohlverdiente Wertschätzung. Positiver Nebeneffekt: Als Praxisinhaber*in erntet man Willen, Hingabe und Durchhaltevermögen. Wichtig ist zudem, die Generationen Y und Z dabei zu unterstützen, einen realistischeren Blick für die Dinge zu bekommen. Das mag sich jetzt erst einmal böse anhören, doch die jungen Leute sind nun mal das Produkt ihrer Erziehung. Von klein auf sind sie für alles beklatscht worden – vom ersten Schritt auf eigenen Beinen über selbstgemalte Bilder, bestandene Tests, Klausuren und so weiter. Richtige Herausforderungen sehen anders aus. Dass etwas mal nicht so laufen könnte wie geplant, kennen die meisten bestenfalls aus Scripted-Reality-Serien. Alte Hasen wissen, dass ein Projekt schon mal scheitern oder eine Patientin abspringen kann. Junge jedoch noch nicht. Hier ist Frustrations- und Burn-out-Prophylaxe von Chefseite gefragt!

Früher war klar: „Wenn kein Feedback kommt, ist alles okay." Oder: „Nicht gemeckert ist genug gelobt", wie es im Volksmund heißt. Durch die überfürsorgliche Erziehung von Helikoptereltern und die permanente Berücksichtigung emotionaler Befindlichkeiten haben sich junge Leute an ständiges Feedback gewöhnt. Die sozialen Medien tun ihr Übriges: Mal eben schnell und gut etwas verkaufen, schon ist man 5-Sterne-Verkäufer*in bei eBay. Das Urlaubsselfie auf Facebook posten – und die nächsten 50 Likes sind sicher. Was Ihnen dieses Verhalten zeigt? Die Generationen Y und Z sind Feedback-Junkies. Sie wollen regelmäßig Bestätigung erfahren – und das am besten sofort und natürlich nur positiv.

Bleibt Feedback jedoch aus, fällt die schwächer ausgebildete Resilienz der jungen Jahrgänge urplötzlich auf. „Wenn ich der das sage, weint die aber!", so der O-Ton einer Zahnärztin in einem Coachinggespräch. Und das ist kein Einzelfall: Schulen und Unis trauen sich nicht mehr, Negativfeedback zu geben. Sonst stehen gleich Eltern oder Rechtsanwält*innen auf der Matte. Die jungen Mitarbeiter*innen scheinen auf den ersten Blick zwar auffallend selbstsicher zu sein. In Wirklichkeit sind sie innerlich aber oft unsicherer als ältere Generationen.

Was Führungskräfte daran ändern können: regelmäßig kurze Feedbacks geben (idealerweise mehrmals wöchentlich und ausführliche monatliche Gespräche) und sich zeitnah auf Fragen zurückmelden. Und auch, wenn es schwerfällt: Feedback kann oder muss auch kritisch sein, denn konkrete Beispiele für Verbesserungspotenzial erhöhen hier die Wahrscheinlichkeit der erfolgreichen Umsetzung. Außerdem ziehen regelmäßige Eins-zu-eins-Gespräche Konflikten direkt in der Entstehungsphase den Zahn.

Fazit
Fürsorge, auf individuelle Bedürfnisse eingehen, häufig Feedback geben und die junge Mitarbeiter*innen mitreden lassen – die Generationen Y und Z benötigen Anleitung, Struktur und klare Ziele. Doch letztendlich kommt es bei der Führung auch auf eins an: sich selbst treu zu bleiben. Wenn Praxisinhaber*innen und Führungskräfte es schaffen, ihre eigenen Glaubenssätze und Visionen zu leben, können sie die jungen Mitarbeiter*innen nicht nur mitreißen, sondern auch zu Leitfiguren für diese werden.

7.3.2   Es kann auch anders kommen

Müller hatte im Laufe seiner Selbstständigkeit eine klare Vorstellung davon entwickelt, wie er führen wollte und führte. Das hatte ihn jede Menge Geld, Zeit und vor allem Nerven gekostet. Anfangs war er ein „Greenhorn" wie Schlosser, doch jetzt, jetzt gab es fast nichts, was er nicht schon erlebt hatte. Ganz wie sein Vorgänger ihn schon wissen ließ: „Erfahrungen machen klug." Und doch war ihm seit einiger Zeit unwohl, wenn er an die Erwartungen und Forderungen der jungen Mitarbeiterinnen dachte.

„Was fällt denen eigentlich ein?", hörte er eine innere Stimme, „noch nichts geleistet, aber schon Forderungen stellen."

*Zu seiner Zeit war das unvorstellbar. Damals waren er und seine Kolleg*innen froh, wenn sie überhaupt einen Job fanden und behielten. Für viele von ihnen war die Praxisgründung die einzige Möglichkeit, patientenorientiert heilberuflich zu arbeiten. Für die Helferinnen war das kaum anders. Performte eine mal nicht wie erwartet, wurde sie ersetzt. Das war gar kein Problem. Heute, heute ist das anders. Müller war klar, dass er und Schlosser froh sein konnten, dass die „Mädchen", wie er seine Mitarbeiterinnen in Gedanken immer noch nannte, überhaupt blieben.*

„Verkehrte Welt", meldete sich die innere Stimme wieder.

Das Thema Mitarbeiter*innenzufriedenheit spielte in seiner Welt nur eine Rolle, weil er selbst gern zur Arbeit gehen wollte. Das war bei guter Teamstimmung deutlich leichter als bei mieser Laune. Er und seine „Mädchen" waren es gewohnt, dass er klare Anweisungen gab, die erfüllt wurden. Er erfragte manchmal, eher selten, die Meinungen seiner Mitarbeiterinnen. Er erwartete Respekt, Loyalität und das Befolgen seiner Anweisungen. Dafür bezahlte er anständig und schenkte seinen Mädchen Wertschätzung und Anerkennung.

Doch heute, heute war es anders. Als Praxisinhaber*in konnte man froh sein, wenn spontan mal eine Bewerbung in der Post lag. Schon die Bewerber*innengespräche waren mittlerweile so, dass man sich als Praxisinhaber*in beim Bewerber „bewarb" bzw. verdeutlichte, was die Praxis und damit die Leitung bereit war zu tun, um sowohl das „Onboarding" als auch den weiteren Verbleib mitarbeiterorientiert zu organisieren. Da wurde dann nicht nur nach dem Gehalt und der Entwicklung desselbigen gefragt, sondern auch nach Rahmendaten wie Arbeitszeiten, Überstundenregelungen, Einarbeitungsplan, Urlaubstagen, Homeoffice, Diensthandy, Fortbildung, Entwicklungsmöglichkeiten, Verantwortungsbereichen, Stellenbeschreibungen o. Ä. m. Passte das Angebot nicht zu den Vorstellungen der Bewerber*innen, waren diese schnell weg, auch während der Probezeit.

Gerade in der letzten Zeit war Müller deutlich geworden, dass er mit seinem „Führungsstil" nicht mehr punkten konnte. So gesehen, war er froh, dass Schlosser sich mit „neuen" Ideen einbrachte und die Mitarbeiterinnen ihre Wünsche, Erwartungen und Bedürfnisse genauso äußerten wie mit ihre Ängste, Befürchtungen oder Ärgernisse. Der regelmäßige Austausch aller hatte Müller weitergebracht und seine Veränderung beflügelt. Hilfreich war auch, dass die Beratungsgesellschaft und deren Mitarbeiter*innen für Fragen, Gespräche, „Sinnkrisen" oder ähnliches mehr ansprechbar war.

Im Jahr 2018 betrug das Durchschnittsalter der Führungskräfte in Deutschland – laut statista.com – 51,9 Jahre. Die Anzahl der über 50-jährigen Mitarbeiter*innen betrug im selben Zeitraum gut 41 %. Googelt man „Alt führt Jung" oder „alte Führungskraft, junger Mitarbeiter", so gibt Google nichts preis. Was man findet, bezieht sich einzig und allein auf die Herausforderung, als junge Führungskraft ältere Mitarbeiter*innen zu führen. Wie erklärt sich das? Sind ältere Führungskräfte bzw. Praxisinhaber*innen per se in der Lage, altersgerecht zu führen? Und was bedeutet, altersgerecht zu führen? Auf der Website der Plattform „Arbeit & Alter" gibt es zwölf Tipps zu altersgerechtem Führen. Demnach sind folgende Haltungen bzw. Einstellungen und Verhaltensweisen hilfreich (Arbeit und Alter, ohne Jahr):

1. **„Offenheit und Vertrauen"**
   Offenheit und Vertrauen sind gute Ratgeber für alle Führungskräfte. Mitarbeiter*innen sind leichter zu gewinnen, wenn man mit ihnen im Gespräch bleibt. Dies gelingt z. B. mit regelmäßigen Besprechungen oder Klausuren, die sich dazu eignen, eine offene Gesprächskultur zu unterstützen. Es motiviert, wenn Entscheidungen von Mitarbeiter*innen selbst getroffen werden können und Ideen honoriert werden. Ein optimistisches und förderndes Führungsverhalten trägt zum gegenseitigen Vertrauen bei und fördert den Praxiserfolg.

2. **Interesse, Achtsamkeit und Sorgfalt**
   Aufmerksamkeit für Mitarbeiter*innen lässt schneller erkennen, ob diese die Arbeit gut bewältigen oder aber Unterstützung brauchen.

3. **Feedback, Anerkennung und Wertschätzung**
   Lob und Wertschätzung werden oft verwechselt. Lob bedeutet Anerkennung von Leistung. Wertschätzung bedeutet, Menschen prinzipiell zu akzeptieren und schafft Vertrauen. Menschen erkranken häufiger, wenn sie sich verausgaben und nicht angemessen gewertschätzt und gelobt werden. Geld ist nur eine unter vielen Möglichkeiten für Feedback, Anerkennung und Wertschätzung. Feedback zeigt, dass die Praxisleitung Kenntnis über die Arbeit ihrer Mitarbeiter*innen hat und es für werthält, dies auch konkret zurückzumelden. Wertschätzung wird beispielsweise auch gezeigt, wenn Vorgesetzte am Genesungsfortschritt oder der Rehabilitation von kranken Mitarbeiter*innen Anteil nehmen. Wertschätzung zeigt sich auch darin, wie Führungskräfte die private Seite der Mitarbeiter*innen einbeziehen, z. B. durch gemeinsame Geburtstags- oder Weihnachtsfeiern. Anerkennung und Wertschätzung stärken Mitarbeiter*innen in ihrem Selbstwert und in ihrer Arbeitsfähigkeit.

4. **Respektvoller Umgang miteinander**
   Respektvolle, höfliche und korrekte Behandlung sind Grundbedürfnisse von Menschen, ebenso wie Anerkennung, sinnvolle Arbeit oder Gestaltungsspielraum. Respektvoller Umgang miteinander schafft ein gutes Klima. Respekt füreinander und Gesundheit hängen eng zusammen.

5. **Zusammenarbeit und Zusammenhalt**
   Arbeit bedeutet immer auch Zusammenarbeiten. Praxisinhaber*innen, die den positiven Zusammenhalt von Teams stärken, werden geschätzt. Teams, die zusammenhalten, sind leistungsfähiger und bewältigen Krisensituationen besser. Der gute zwischenmenschliche Umgang erleichtert arbeitsintensive Zeiten und fördert die Motivation.

6. **Einbeziehung und Beteiligung**
   Mitarbeiter*innen einzubeziehen und an Entscheidungen mitwirken zu lassen, schafft gegenseitiges Vertrauen und Anerkennung und fördert damit

langfristig deren Gesundheit. Wenn man sich die Arbeit selbst einteilen kann, arbeitet man meist effizienter. Praxisinhaber*innen, die überzeugt davon sind, dass Mitgestaltung und Beteiligung der Mitarbeiter*innen wichtig sind, setzen sich damit intensiv auseinander. Dazu gibt es bekannte Instrumente, z. B. regelmäßige Mitarbeiter*innengespräche, Zielvereinbarungen, kontinuierliche Verbesserungssysteme.

7. **Soziale Unterstützung**
Soziale Unterstützung durch Praxisinhaber*innen bedeutet, Mitarbeiter*innen den „Rücken zu stärken", zuzuhören und auf sie einzugehen. Bei Konflikten sollte keinesfalls weggeschaut werden, im Gegenteil – Praxisinhaber*innen müssen handeln und lösungsorientiert vermitteln. Sie können die Fähigkeiten des Zuhörens und des lösungsorientierten Eingreifens bei Konflikten in entsprechenden Fortbildungen oder Coachings trainieren. Soziale Unterstützung und gute zwischenmenschliche Beziehungen sind eine wirksame „Medizin" gegen seelischen und körperlichen Stress. Menschen, die sich sicher und wohlfühlen, empfinden Belastungen in der Regel als weniger bedrohlich oder schädigend. Sie bewältigen Probleme leichter. All das fördert den Praxiserfolg.

8. **Kommunikationsfähigkeit**
Praxisinhaber*innen, die eine positive Einstellung zur Arbeit haben, kommunizieren anders. Sie treffen klare und nachvollziehbare Entscheidungen, geben Informationen gezielt weiter, sprechen mit ihren Mitarbeiter*innen auf Augenhöhe und nehmen sich Zeit für Gespräche und für Veränderungsprozesse. Sie schaffen eine gute Arbeitsatmosphäre, die Freude und Optimismus verbreitet. Es ist hilfreich, wenn die Menschen gern zur Arbeit gehen.

9. **Belastungsabbau und Ressourcenaufbau**
Praxisinhaber*innen beeinflussen Arbeitsbedingungen und entscheiden mit, ob die Arbeit eher mit Zeit- und Leistungsdruck verbunden wird oder durch Förderung des Miteinanders leichter zu bewältigen ist. Qualifikation zu fördern, Entscheidungs- und Gestaltungsspielräume einzuräumen und die Arbeitsaufgaben entsprechend den Fähigkeiten zu vergeben, sind erprobte Maßnahmen, um Ressourcen von Mitarbeiter*innen zu fördern. Unter- oder Überforderung kann so verhindert werden.

10. **Die Vorbildwirkung von Führungskräften**
Das eigene Verhalten von Praxisinhaber*innen bei Belastungen, aber auch beim Lösen von Problemen überträgt sich auf die Mitarbeiter*innen. Dies beeinflusst die Praxiskultur entscheidend mit. Praxisinhaber*innen, die sich Zeit nehmen, selbst auch Pausen machen und eine gute Work-Life-Balance vorleben, werden auch nachgeahmt. Gleiches gilt für den respektvollen

Umgang miteinander und ein gutes Zusammenarbeiten. Burn-out kann so vorgebeugt und gesundheitsförderliches Verhalten besser unterstützt werden als durch theoretische Ermahnungen. Gesunde Mitarbeiter*innen performen besser.

11. **Schulung von Führungskräften**
Führungskräfteschulungen zu physiologischen Veränderungen mit dem Alter sowie zur möglichen kognitiven und psychischen Weiterentwicklung mit dem Altern unterstützen Führungskräfte dabei, in ihrem Wirkungsbereich für eine gute Altersdurchmischung und einen wertschätzenden Umgang zwischen den Generationen zu sorgen.

12. **Beratung unterstützt Führungskräfte**
Wenn es komplexe fachliche Themen in der Praxis oder offene Fragen zur Praxisorganisationskultur gibt, holen sich ambitionierte Praxisinhaber*innen auch einmal Hilfe und Unterstützung von außen. Manchmal sind es Wirtschaftsberater*innen, Steuerberater*innen oder Coaches, die Rat geben können. Ein Coaching kann darüber hinaus helfen, über das eigene Führungsverhalten nachzudenken und neue Strategien und Lösungen für schwierige Situationen im Team zu finden."

Die Kock + Voeste GmbH begleitet Praxisinhaber*innen seit mehr als 30 Jahren. In dieser Zeit wurden verschiedenste Erfahrungen mit Führungsstilen gemacht, die wie folgt zusammengefasst werden können. Demnach setzen Babyboomer*innen bei der Führung auf Folgendes:

- Ältere Praxisinhaber*innen möchten gern einen demokratischen Führungsstil anwenden, finden sich aber oft in einem autoritären Setting wieder.
- Babyboomer*innen geben klare Anweisungen und erwarten, dass diese befolgt werden.
- Babyboomer*innen erwarten Respekt für ihre Position und Erfahrung.
- Sie holen gern verschiedene Meinungen ein, bevor sie eine Entscheidung treffen.
- Sie glauben, dass sich Anfänger „ihre Sporen erst verdienen" müssen.
- Babyboomer*innen belohnen Leistung und Loyalität.
- Virtuelles Führen ohne Kontrollmechanismen ist für Babyboomer*innen ungewohnt und schwer vorstellbar.

7.3.3 Jung führt Alt

Schlosser hatte von Beginn an damit zu kämpfen, dass er jünger war als Müller. Mit Reife, Lebens- und Führungserfahrung konnte er nicht so punkten wie Müller. Schlosser hatte hier und da auch mit Akzeptanzproblemen gerade durch die älteren Mitarbeiterinnen zu tun, die sich oft fragten: „Kann der das?" Die Partnerrolle, in die er sich für viel Geld eingekauft hatte, machte ihn zwar zum Mitbesitzer, gleichberechtigten Arbeitergeber und Gesamtverantwortlichen, aber eben nicht zu einer erfahrenen Führungskraft. So war es irgendwie auch nicht verwunderlich, dass er in dieser Rolle immer wieder auf dem Prüfstand war.

Eines Abends kam Biggi zu ihm in sein Sprechzimmer. Biggi war schon immer da. Sie hatte die Praxis mit Müller zusammen gegründet und aufgebaut. Sie war „sein bestes Pferd im Stall", wie Müller einmal sagte und stets zu erkennen gab. Biggi war die eigentliche, wenn auch informelle Praxismanagerin. Sie sollte einmal im Kreis aller Beteiligten gesagt haben, dass es ihr gleich sei, welcher Chef über ihr arbeite, solange er sich an das hielt, was sie vorgab. Müller war das stets leichtgefallen. Schlosser wollte das nicht akzeptieren. Er dachte, dass man die Welt nicht einfach auf den Kopf stellt. Oben ist immer noch Oben und das ist gut so.

An diesem Abend kam Biggi also in sein Sprechzimmer. Kein Termin. Keine Vorankündigung. Einfach so.

„Na, wie war's heute, gut gelaufen?", begann Biggi das Gespräch.

Schlosser schwante schon, dass es heute später werden könnte und er seinem Babysitter, Manuel, Bescheid geben müsste, dass er wohl nicht um 20:00 Uhr zu Hause sein würde.

Also entgegnete er: „Alles gut, ich muss nur diese WhatsApp noch schreiben, dann bin ich für Sie da."

Er schrieb Manuel, dass es noch dauern würde und ob das ein Problem sei. Keine Antwort. Das passte also.

„Ja, war ein guter Tag. Lief prima, Danke nochmal", antwortete Schlosser und nahm die Gesprächseinladung an. „Wie ist es bei dir gelaufen, Entschuldigung, bei Ihnen?"

„Danke, gut. Aber, das ist nicht der Grund, aus dem ich hier stehe. Ich wollte Sie mal allein sprechen, um Ihnen zu sagen, wie es hier läuft und, dass es nicht geht, dass Sie hier alles auf den Kopf stellen wollen, was wir hier mühsam, aber erfolgreich aufgebaut haben. Sie sind zwar Partner und haben sich eingekauft, aber das heißt nicht, dass Sie hier machen können, was Sie wollen. Sie setzen sich hier ins gemachte Nest. Mit den Jungen duzen Sie sich natürlich. Wir Älteren", Biggi meinte ihre Kolleginnen Heidi, Monika – die seit zwei Jahren in Teilzeit war – und sich selbst, „wir wurden nicht gefragt. Und nun, nun sind Sie da. Sie gucken uns nur mit

dem Rücken an. Sie arbeiten fast ausschließlich mit den Jüngeren", gemeint waren Lisa, Hanna, Sophia, Tatjana und Marie, „duzen sich mit denen und tun vertraulich. Ich habe Sie durchschaut! Sie werden schon sehen, wohin Ihr Verhalten die Praxis führen wird. "

Biggi war sichtlich verärgert, aufgewühlt und verletzt.

„Also, nun mal Stopp", entgegnete Schlosser, der mit einem solchen „Angriff" nicht gerechnet hatte. Er hörte deutlich seine innere Stimme: „Was fällt ihr ein? Weiß sie, mit wem sie hier redet? Ich bin ihr Arbeitgeber. Ich lasse mir nicht vorschreiben, wie ich vorzugehen habe. Was will die eigentlich?"

„Liebe Biggi, Sie vergreifen sich sowohl im Ton als auch in dem, was Sie hier sagen. So lasse ich nicht mit mir sprechen. Das steht niemandem zu, schon gar nicht Ihnen. Das Gespräch ist beendet." Schlosser nahm demonstrativ das Handy, um Manuel mitzuteilen, dass er sich jetzt auf den Weg machen und in 30 Minuten zu Hause sein würde. Morgen spräche er mit Müller.

„So kann das nicht weitergehen, entweder sie oder ich", dachte er noch als er sich seine Jacke überstreifte, um den Heimweg anzutreten.

Biggi machte sich ebenfalls auf den Heimweg und dachte, dass sie dringend mit Müller sprechen müsse, da sich der Schlosser tatsächlich als untragbar und schädlich für die Praxis erwiesen habe. Wenn der nicht wieder ginge, dann würden die Mitarbeiterinnen halt eine Entscheidung treffen und was das für ihn, die Praxis und die Patient*innen bedeuten würde, das würde sie Müller nicht fragen müssen, das sähe er ähnlich wie sie.

Die meisten Menschen verbinden eine Führungsposition mit Erfahrung, einer gewissen Reife und Kompetenz. In der Praxis sieht das meist anders aus: Immer häufiger werden Mitarbeiter*innen von angestellten Führungskräften (z. B. angestellten Ärzt*innen oder Zahnärzt*innen) und Praxisinhaber*innen geführt, die deutlich jünger sind als sie selbst. So etwas ist fast immer problematisch für alle Beteiligten. So gibt es Theorien, die davon ausgehen, dass aus solch einer Konstellation die „Verletzung gesellschaftlicher und organisatorischer Normen" folgt, die negative Konsequenzen sowohl für Mitarbeiter*innen als auch für Praxisinhaber*innen bedeuten können. Die Literatur gibt da wenig her, dennoch scheinen folgende Punkte wichtig für das Rollenverständnis junger Praxisinhaber*innen zu sein:

Hoher Anspruch an die eigene Leistung
Junge Praxisinhaber*innen arbeiten meist sehr zielorientiert und fokussiert. Sie haben hohe Ansprüche an sich selbst und an ihr Team. Sie sind in Zeiten wachsender Auflagen, sinkender Budgets und strenger Regulierung in den Beruf gekommen

und gehen davon aus, dass ihnen nichts geschenkt wird. Selbst ein Sabbatical wird praktisch genutzt, z. B. für eine Weiterbildung.

Geld ist nicht alles, es geht auch um Lebensqualität
Ein gutes Einkommen ist gewünscht, ist aber nicht alles. Im Gegenteil. Nicht selten sagen junge Praxisinhaber*innen heute, dass sie im Zweifel auf ein Teil ihres Einkommens verzichten würden, wenn sie dafür mehr Lebensqualität bekämen. Besonders oft gewünscht: mehr Zeit für regelmäßigen Sport und Treffen mit Freunden. Aber auch für die persönliche Entwicklung soll es Freiräume geben, beginnend z. B. mit mehr Zeit dafür, wieder Bücher zu lesen.

Es muss Sinn und darf Spaß machen
Viel früher – und bewusster – als ihre Vorgänger*innen stellen sich junge Praxisinhaber*innen die Frage nach dem Sinn: Warum mache ich das Ganze eigentlich? Natürlich brauchen insbesondere die jungen Eltern unter ihnen das monatliche Einkommen. Oft ist ein Immobilienkauf geplant oder wird schon abgezahlt. Aber das ist zu wenig, um sich die nächsten 30 Jahre mit allem zufrieden zu geben. Neben der Karriere in einer Klinik ist der Gedanke an eine eigene Praxis, in der man selbst entscheidet, nicht selten.

Die eigene Gesundheit wichtig nehmen
Körperliche Gesundheit ist ebenfalls etwas, das junge Praxisinhaber*innen anstreben. Wie aus einer anderen Welt erscheinen die Arztpraxen der 90er-Jahre, in denen bis zum Umfallen gearbeitet wurde oder es Praxisinhaber*innen an Zeit für die Selbstfürsorge fehlte bzw. sie sich diese nicht genommen haben.

Familie und Praxis unter einen Hut bringen
Praxisinhaberinnen hatten in der Vergangenheit oft den Eindruck, sich zwischen den beiden Rollenmodellen "Praxisinhaberin" und "Hausfrau und Mutter" entscheiden zu müssen. Heute ist die gesamte Spannbreite von Lebensmodellen dazwischen möglich geworden und wird auch erwartet: Karriere, aber auch Zeit für den Partner und die Kinder, professionell auftreten, aber nicht nur in den Praxiskittel gezwängt.

Auch als Mann für die Familie da sein
Was lange als "Frauenthema" galt, ist auch für männliche Praxisinhaber längst aktuell: die Vereinbarkeit von Karriere und Familie. Galt es in den 90er-Jahren noch als akzeptabel, als Vater seine Kinder werktags praktisch nur schlafend zu sehen, nämlich morgens vor und abends nach der Praxis, ist das heute für die meisten

Praxisinhaber keine Option. Sie wollen, trotz Karriere, teilhaben am Alltag ihrer
Familie und in ihrer Beziehung echte Partner sein.

Interesse an Führungsthemen und Psychologie
Verändert hat sich auch die Altersmischung im Team. Nicht selten gehört der Chef
bzw. die Chef*in heute zu den Jüngsten im Team. "Führen durch Autorität" ist für
junge Praxisinhaber*innen nur im übertragenen Sinne möglich, nämlich durch fachliche Kompetenz, aber auch durch die Erkenntnis, dass die älteren Kolleg*innen
durchaus mehr vom Fach verstehen können. Dadurch bringen junge Praxisinha-
ber*innen heute größeres Interesse an Führungsthemen und Psychologie mit und
sind bereit, an sich zu arbeiten.

Beratung ist gut
Zur Eigenentwicklung gehört die Nutzung professioneller Unterstützer*innen von
Personaltrainer*innen über Coaches bis zu Praxisberater*innen, die tagsüber in die
Praxis kommt. Bei vielen ihrer Vorgänger*innen im Job ging es in diesem Bereich
eher um Krisenhilfe und Schadensbegrenzung. Es galt: Hilf dir selbst, sonst hilft
dir keiner.

Die Welt ist digital
Eine der Erwartungen der Arbeitnehmer*innen an junge Praxisinhaber*innen ist,
die großen Trends der Digitalisierung – Social, Mobile, Cloud – auf die eigene
Praxis herunterzubrechen. Was kann eine Einzelpraxis mit drei bis vier Angestellten
da tun? Von der Patient*innenansprache über Videosprechstunden, Onlineterminen
bis zum Onlinewerbemarkt ist das nicht nur eine theoretische Überlegung, sondern
auch eine strategische Führungsaufgabe. Private Herausforderungen fast überall:
Handy und Laptop abends einmal aus der Hand zu legen. Digital Detox.

Die Arbeitsmittel müssen modern sein
Heutige Optionen in der Welt der sozialen Medien machen Dinge möglich (wie zum
Beispiel Suchmaschinenoptimierung), die schon mal von Standesvertretungen oder
Fachverbänden ausgebremst oder erschwert worden sind. Das kann eine Herausforderung an die eigene Motivation und Geduld sein. Der höhere Anspruch zeigt sich
bei den Erwartungen an die Arbeitsmittel. Wer privat seit Ewigkeiten über Gmail
und WhatsApp kommuniziert und seine Termine mit dem Google-Kalender plant,
tut sich schwer mit altem Windows und Outlook.

Junge Praxisinhaber*innen erfüllen heute, das muss man ehrlich anerkennen,
ein deutlich breiteres Spektrum an Ansprüchen und sind in einer Praxiswelt erfolgreich, die es ihnen nicht unbedingt leicht macht. Nicht allen gelingt es auf Anhieb,

angemessen dotierte Verträge auszuhandeln oder eine Praxis erfolgreich zu führen, ausreichende Phasen der Erholung und in Partnerschaften mit älteren Kolleg*innen die richtige Balance zwischen Führen und Zuhören zu finden. Doch die Ernsthaftigkeit, mit der sie sich all diesen Themen stellen und versuchen, besser zu werden, verdient Respekt.

Die Häufigkeit der Jung-führt-Alt-Konstellation wird durch die Veränderungen der Altersstruktur der Ärzte- und Zahnärzteschaft zukünftig weiter zunehmen. Die Kassenärztliche Bundesvereinigung konnte für 2019 ein Durchschnittsalter von 54,3 Jahren bei den niedergelassenen Ärzt*innen feststellen. Die Bundeszahnärztekammer kann für 2018 ein Durchschnittsalter von 48,7 Jahren benennen. Die Zahnärzt*innen und zwischen 30 und 40 Jahren machten dabei 24,91 % aller an der vertragszahnärztlichen Versorgung Teilnehmenden aus. Die unter 40-Jährigen machten bei den Humanmediziner*innen 6,9 % aus. Die Bundesärztekammer bezifferte die unter 35-jährigen in ihrem Versorgungsatlas 2019 mit 18,9 %. Während der Anteil der jungen Mediziner*innen auch in Zukunft gleich bleiben wird bzw. nicht ansteigt, nimmt die ältere Gruppe (über 50-Jährige) massiv zu (PricewaterhouseCoopers 2010). Durch den steigenden Anteil älterer Menschen kommt es folglich immer häufiger dazu, dass Mitarbeiter*innen von deutlich Jüngeren oder Gleichaltrigen geführt werden. Der Anteil jüngerer Praxisinhaber*innen (40 bis 49 Jahre) liegt in Deutschland bereits heute laut Kassenärztlicher Bundesvereinigung (KBV) bei 23,04 %. Darüber hinaus zieht die demografische Entwicklung bereits einen spürbaren Fachkräftemangel nach sich. Eine Strategie der älter werdenden Praxisinhaber*innen ist es, möglichst schnell einen geeigneten Praxispartner bzw. eine geeignete Praxispartnerin zu finden und zu binden. Dies fördert ebenfalls die Entstehung von Jung-führt-Alt-Konstellationen in Praxen und medizinischen Organisationen. Jung-führt-Alt-Konstellationen werden besonders bei Personalverantwortlichen oder Praxisinhaber*innen mit einigem Konfliktpotenzial in Verbindung gebracht (s. Abb. 7.4).

Im Folgenden wird ausgeführt, welche wissenschaftlichen Theorien bisher herangezogen wurden, um zu erklären, ob und warum es zu negativen Konsequenzen kommt, wenn junge Führungskräfte ältere Mitarbeiter*innen führen. Es lassen sich zumindest drei verschiedene Forschungsstränge identifizieren, die hierzu Aussagen machen können. Da diese Theorien zum Teil unterschiedliche Vorhersagen machen, werden sie nacheinander beschrieben.

1. Das Ähnlichkeits-Attraktivitäts-Paradigma Menschen, die sich ähnlich sind, verbringen gern Zeit miteinander. Aus dieser Erfahrung speist sich die Aussage „Gleich und Gleich gesellt sich gern". Variablen zwischen den Mitgliedern (Alter, Geschlecht, Herkunft oder Ähnliches mehr) eines Teams wurden im Rahmen der

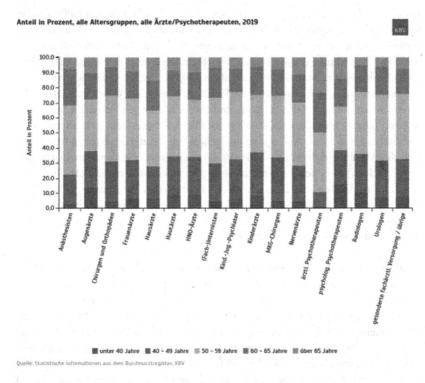

Abb. 7.4 Altersgruppen der Hausärzte, 2019. (Quelle: Statistische Informationen aus dem Bundesarztregister, KBV)

relational demography-Forschung (Tsui und O'Reilly 1989; Wegge et al. 2012) häufig untersucht. Diese Untersuchungen befassten sich nicht damit, wer von den Teammitgliedern älter oder jünger (bzw. anders) war, sondern es ging nur darum herauszuarbeiten, wie stark Teammitglieder sich im Alter voneinander unterscheiden. Diese Untersuchungen differenzieren also nur nach Ähnlichkeiten und Unähnlichkeiten.

Mit Blick auf die Mitarbeiter*innen-Führungskraft-Beziehung bedeutet dies, dass es keinen Unterschied machen würde, ob die Praxisleitung oder die Führungskraft wesentlich jünger ist als die Mitarbeiter*in oder ob sie deutlich älter ist. Auswirkung scheint nur die Ähnlichkeit zu haben, so die Forschung. Unähnlichkeit wirkt demnach eher negativ auf die Interaktionen im Team. Diese Sichtweise entspricht der vielfach bestätigten Ähnlichkeits-Attraktivitäts-Theorie nach Byrne

(1971), die davon ausgeht, dass interpersonelle Attraktivität bzw. der Grad, zu dem man sich zu einer anderen Person hingezogen fühlt, umso stärker ist, je mehr deren Einstellungen mit den eigenen übereinstimmen. Personen, die mit einem selbst einer Meinung sind, werden demnach als sehr viel attraktiver wahrgenommen, als Personen, die eine andere Meinung pflegen als man selbst. Diese Annahmen wurden in der Forschung auch auf demografische Variablen (z. B. Alter, Geschlecht, ethnische Zugehörigkeit) angewandt, da diese ähnliche Einstellungen vermuten lassen (so nehmen jüngere Menschen an, dass sie mit Gleichaltrigen mehr gemein haben als mit älteren Menschen). Auf den so gemachten Forschungsergebnissen begründen sich die Annahmen, dass Jung-führt-Alt-Konstellationen eher problematisch sind. Die Beziehung zwischen jüngerer*m Vorgesetzen und älterer*m Mitarbeiter*in ist negativer als die Beziehung zwischen einer Führungskraft und einer gleichaltrigen Mitarbeiter*in. Man kann sich das so erklären, dass nur aufgrund des Eindrucks von Unterschiedlichkeit eine weniger intensive Interaktion bzw. Beziehung zustande kommt und weniger Vertrauen entsteht.

2. Die Theorie sozialer Vergleichsprozesse Eine weitere wissenschaftliche Theorie, die helfen kann mögliche Problematiken des Führens von älteren durch jüngere Menschen zu verstehen, stellt gleichzeitig eine der renommiertesten und am häufigsten untersuchten Theorien der (Sozial-)Psychologie dar. Im Gegensatz zur Ähnlichkeits-Attraktivitäts-Theorie berücksichtigt sie zumindest indirekt den Hierarchieunterschied zwischen Führungskraft und Mitarbeiter*in. Laut Leon Festinger (1954) haben erwachsene Menschen ein Bedürfnis danach, ihre Fähigkeiten korrekt einzuschätzen. Da es für die meisten Fähigkeiten keinen belastbaren, objektiven Bewertungsmaßstab gibt, stellen Menschen soziale Vergleiche an, d. h. Vergleiche mit anderen Personen, die hinsichtlich der eigenen Fähigkeiten ähnlich sind bzw. als ähnlich eingeschätzt werden. Die Vergleichsprozesse sind im Wesentlichen Erkenntnisprozesse, das heißt Prozesse des Verstandes, die mit dem Ziel des Erkenntnisgewinns genutzt werden (Wo stehe ich mit meiner Arbeitsleistung im Vergleich zu meinen Kolleg*innen?). Im Vergleich entstehen Gefühle, wie z. B. Zufriedenheit (Ich bin genauso gut wie ...), Stolz (Meine Leistung ist besser als die von ...) bzw. Unzufriedenheit oder gar Neid, wenn die Gegenüberstellungen zu einem negativen Ergebnis führen.

Bezieht man diese Theorie auf den Zusammenhang von Altersunterschieden im Mitarbeiter*innen-Führungskraft-Verhältnis, ist eine Art „Vorhersage" möglich, die sich vom Ähnlichkeits-Attraktivitäts-Paradigma unterscheidet, da sie das Problem detaillierter beschreibt. Demzufolge wird die Konstellation jüngere Führungskraft und ältere*r Mitarbeiter*in ebenso wie die Konstellation Führungskraft und gleichaltrige*r Mitarbeiter*in aus Mitarbeiter*innensicht zum Problem, da sie dazu führen kann, dass der*die Mitarbeiter*in – verglichen mit dem jüngeren oder gleichalten Chef – zu dem Schluss kommt, dass die eigene Leistung bzw. der eigene Berufserfolg hinter dem der eigentlich sehr ähnlichen Person liegt. Das Alter kann hierbei also die Rolle desjenigen Merkmals spielen, auf dessen Grundlage die Vergleichspersonen ausgewählt werden. Das liegt vermutlich daran, dass das Alter ein wichtiges Merkmal von Menschen ist, anders als zum Beispiel: Klugheit oder Berufserfahrung. Das Alter wird also synonym für die Einschätzung dieser Eigenschaften benutzt. Besonders Mitarbeiter*innen, die stark motiviert sind, ihre Leistungen mit denen anderer zu vergleichen, zum Beispiel wegen einer stark ausgeprägten Leistungs- oder Führungsmotivation, werden in „Jung-Führt-Alt-Konstellationen" zu unpassenden Schlüssen kommen. Die Folge könnte ein starkes Konkurrenzverhalten oder sogar die Ausführung böswilliger Handlungen sein (z. B. in Form einer bewusst schlechten Vorgesetztenbewertung), um den eigenen Berufsfortschritt zu befeuern. Der Abgleich kann dabei helfen zu erkennen, ob die Beziehung zu einer gleichaltrigen oder jüngeren Praxisleitung mit ungewollten Konsequenzen für die Mitarbeiter*in und die Führungskraft verknüpft sind.

3. Theorie organisationaler Zeitpläne Die in dem Zusammenhang von Jungführt-Alt-Konstellationen am häufigsten genannte Theorie ist die Theorie der organisationalen Zeitpläne (Lawrence 1984), welche den Gedanken der sozialen Vergleiche weiterführt und an die Besonderheiten der Organisation anpasst. Der Grundgedanke ist, dass in Organisationen implizite Karrierezeitpläne entstehen, denen zur Folge vorgegeben ist, mit welchem Alter, welche Karrierestufe erreicht sein sollte. Diese Karrierezeitpläne knüpfen eng an soziologische Theorien zur Entstehung und Bedeutung von Altersnormen an. Es scheint gesellschaftlich festgelegt zu sein, welche soziale Position mit welchem persönlichem Status in welchem Alter erreicht sein sollte. Heute wie damals ist ein höherer sozioökonomischer Status auch meist mit einem höheren Alter verbunden. Das Merkmal Alter scheint erneut ein objektives Merkmal zu sein und einen Indikator für eine andere, damit verbundene Variable: den Berufserfolg. Menschen, die um diese Karrierezeitpläne wissen, nutzen diese dazu, den eigenen Karriereweg zu beurteilen. Dazu vergleichen sich die Mitglieder einer Organisation, wie bereits im Rahmen der sozialen Vergleichstheorie erwähnt, mit anderen Kolleg*innen oder Vorgesetzten und erhalten als Ergebnis Informationen darüber, ob sie mit ihrem Karrierefortschritt hinterherhinken *(behind time)*, genau im Zeitplan sind *(on time)* oder dem üblichen Zeitplan sogar voraus sind *(ahead of time)*. Menschen, die dabei feststellen, dass sie dem organisationalen Zeitplan hinterherlaufen, haben ein negativeres Verhältnis zur Arbeit und ihrer eigenen Leistung.

Ein weiterer, ebenfalls der Soziologie entspringender Kern der Theorie ist der Begriff der Statuskongruenz bzw. Statusinkongruenz, womit der Umstand beschrieben wird, dass Personen, deren Alter (Berufserfahrung, Qualifikation oder Geschlecht) nicht mit der Rolle (Führungskraft, Mitarbeiter*in) übereinstimmt, als unpassend wahrgenommen werden. Bezogen auf Jung-führt-Alt-Konstellationen werden negative Folgen somit vor allem für Führungskräfte mit deutlich älteren Mitarbeiter*innen vorhergesagt, weil sie sowohl gesellschaftliche als auch organisationale Normen verletzen und damit zu negativen Gefühlen und Reaktionen seitens der überholten Mitarbeiter*innen und Kollege*innen führen. In dieser Theorie wird zudem ein weiterer zu beachtender Einflussfaktor deutlich: die der gesellschaftlichen und organisationalen Altersnormen. Da sich Normen regional und kulturell unterscheiden und über die Zeit verändern können, sollte dieser Faktor stets mitberücksichtigt werden. Je nachdem, ob in einer Organisation tatsächlich die alten Karriereverläufe herrschen oder stattdessen junge Führungskräfte die Regel sind und eine offene Praxiskultur herrscht, können die Auswirkungen von Jung-führt-Alt-Konstellationen unterschiedlich ausfallen. Einen möglichen ersten Hinweis dafür liefern die vorliegenden Altersverteilungen auf den jeweiligen Karrierestufen einer Praxis.

Bei den „Nachfolge-Generationen" gibt es unterschiedlich Führungsideen. So kann man den Führungsstil der Generation X als prozessorientierten Führungsstil beschreiben. Das bedeutet, Vertreter*innen der Generation X ...

- geben wenig Anweisungen und managen eher aus der Entfernung (gern per E-Mail),
- erwarten Respekt für ihre Kompetenz und Professionalität,
- treffen Entscheidungen im Alleingang und tragen die Konsequenzen dafür,
- belohnen Erfolge und sind konsequent ergebnisorientiert,
- haben kein Problem mit virtueller Führung über Distanz.

Die noch jüngere Generation Y pflegt einen partizipativen Führungsstil. Das heißt, dass sie ...

- integrativ managen und ein gutes Fingerspitzengefühl brauchen,
- Respekt für die eigene Persönlichkeit und gelebte Vielfalt erwarten,
- lieber im Team entscheiden,
- von Mitarbeitern erwarten, dass diese sich Informationen besorgen und Wissen teilen,
- Einsatz und Innovationen belohnen und virtuelles Führen sich für sie normal und natürlich anfühlt.

Beides passt nicht zu den Erwartungen, die die Generation der Babyboomer an das Geführtwerden stellt. Das lässt sich so zusammenfassen: Mitarbeiter*innen der Babyboomer-Generation …

- mögen klare Strukturen, Anweisungen und Zuständigkeiten,
- möchten kooperieren, schätzen direkten Kontakt und persönliche Beziehung,
- teilen ihr Wissen gern mit jüngeren Kolleg*innen,
- erwarten, für Erfahrung und Loyalität belohnt zu werden,
- erwarten eine gewisse Ernsthaftigkeit und ein seriöses Geschäftsgebaren, das die Form wahrt,
- schätzen höhergestellte Mentor*innen inner- oder außerhalb der Organisation.
- Konflikte erfordern aus ihrer Sicht einen sensiblen Umgang.

Das passt zu einem Führungsverständnis dieser Generation, das man als demokratischen Führungsstil beschreiben kann. Führungskräfte der Babyboomer-Generation …

- geben klare Anweisungen und erwarten, dass diese befolgt werden,
- erwarten Respekt für ihre Position, Erfahrung und Hierarchiestufe,
- holen gern verschiedene Meinungen ein, bevor sie eine Entscheidung treffen,
- denken: Anfänger müssen sich „ihre Sporen erst verdienen",
- belohnen Leistung und Loyalität,
- denken: Virtuelles Führen ohne Kontrollmechanismen ist ungewohnt und schwer vorstellbar.

Handlungsempfehlungen Abgeleitet aus Beratungserfahrungen werden nachfolgend einige praktische Handlungstipps gegeben.

Eine hohe und nachweisbare Fachkompetenz sowie ausgeprägte Sozialkompetenzen sind wichtige, erfolgsentscheidende Basisqualifikationen. Nicht jede*r, die*der eine Praxis gründet oder übernimmt, ist damit ausgestattet und den sich ergebenden Anforderungen gewachsen. Empathie und guter Umgang miteinander – dabei ist meist entscheidend, was die anderen damit verbinden – sind ebenso wichtig wie wertschätzende Kommunikation mit Mitarbeiter*innen, die mehr Berufs- oder Lebenserfahrung mitbringen. Besonders zu Beginn der Zusammenarbeit kann es wichtig sein, eine klare, transparente und offene Kommunikation vorzuleben, die es allen Beteiligten ermöglicht, die ungewohnte Konstellation offen anzusprechen und Fehler einzuräumen. Eine Empfehlung, die auch in der täglichen Beratungspraxis Bestätigung findet. Führungsstile bzw. Führungseinstellungen, die in der erfolgreichen Praxis zu finden sind, sind meist partizipativ bzw. demokratisch. Nur bei

Verunsicherung kommt es immer wieder zu lauten, unpassenden Auseinandersetzungen und manchmal zu Kündigungen von Mitarbeiter*innen, die heute leicht anderweitig unterkommen, dies wissen und auch für sich nutzen.

Jüngere Praxisinhaber*innen sind gut beraten, das Know-how älterer Mitarbeiter*innen zu nutzen, sie um Rat zu erfragen und in Entscheidungen frühzeitig einzubeziehen. Es kann sinnvoll und passend sein, dass älteren Mitarbeiter*innen mehr Handlungsspielräume eingeräumt werden, auch als Ausdruck von Vertrauen und Wertschätzung.

Es gibt auch einige schlechte Beispiele, welche die Praxisinhaber*innen in ihrer beruflichen Praxis immer wieder erfahren. Unsicherheit oder gespielte Souveränität, übertriebener sowie mangelnder Respekt im Umgang mit älteren Mitarbeiter*innen und die übereilte Einleitung von Veränderungsprozessen sind oft kritisierte Verhaltensweisen, welche zu Widerständen führen oder die Praxisführung allgemein erschweren. Einige Aspekte beziehen sich auf den Umgang mit anderen Kollege*innen gleichen Alters. So sollte private Kommunikation mit gleichaltrigen Mitarbeiter*innen vermieden werden, da es zum Empfinden von Ausgrenzung und Ungleichbehandlung auf Seiten älterer Kolleg*innen führen könnte. Das Duzen unter gleichaltrigen oder jüngeren Kollege*innen ist nicht immer hilfreich und förderlich, es kann sogar dafür stehen, dass ältere Mitarbeiter*innen sich ausgegrenzt oder nicht dazugehörig wahrnehmen (s. Tab. 7.4 und 7.5).

Teamarbeit – oder: T.E.A.M. Toll, ein anderer macht's!

Wie sollte es nur in deren Köpfe, dass Erfolg nur gemeinsam und nicht allein oder gar gegen die anderen möglich war? Marie und Hanna legten großen Wert auf Teamarbeit, jedoch waren sie auch stets daran interessiert, dass ihre eigenen Belange dabei nicht zu kurz kamen. Schließlich gab es noch eine Zeit nach der Arbeit. Was überhaupt nicht ging, war, dass man den beiden sagte, was normal sei. Marie und Hanna kamen auch gut ohne Biggi, Monika und Heidi klar. Die konnten ja fast ihre Mütter sein. Immer wussten sie besser, was für Hanna und Marie gut war. Das gipfelte einmal in dem Vorwurf, dass Marie und Hanna auf Kosten der anderen ihren Hobbys nachgingen, obwohl diese ganz andere, wichtigere Verpflichtungen nach der Arbeit hätten.

Das ging aus Sicht von Hanna und Marie dann doch zu weit. Sie fühlten sich auch von Müller und Schlosser, ihren Chefs, allein gelassen. Sie konnten schließlich nichts dafür, dass die Älteren keinen Spaß am Leben hatten. Also hielten sie sich an das, was vereinbart war. Nicht mehr und nicht weniger. Es entstanden Cliquen und mit ihnen Positionen.

Schlosser wie Müller waren ratlos. So konnte es nicht weitergehen. Sie waren doch ein Team, in dem jede*r für jede*n einzustehen hatte. Das dachten die beiden zumindest. Dem war nicht so, wie die gute Arbeit einer Mediatorin erbrachte. Erst in einem längeren Prozess, in dem viele Fragen gestellt und beantwortet wurden, entstand ein neuerlicher Teamgeist und ein gutes, kollegiales Miteinander.

Müller und Schlosser waren froh, denn ohne die Hilfe von außen hätte sie sich, wo auch immer, in die Nesseln gesetzt. So wurde aus geteiltem Leid halbes Leid. Am Ende konnte mithilfe der Mediatorin ein Kompromiss gefunden werden, der allen Beteiligten entsprach. Es wurde miteinander darum gerungen, wie mit der Arbeits- und Freizeit jeder Mitarbeiter*in umzugehen ist. Am Wichtigsten waren

I. Lütkehaus et al., *Generationenmanagement in Arzt- und Zahnarztpraxis*, https://doi.org/10.1007/978-3-658-29530-1_8

dabei die Annäherungen der Einstellung zur Arbeit. Im Kompromiss kam es dazu, dass alle Beteiligten sich auf eine unumstößliche Arbeitszeit von mindestens 40 und maximal 45 Wochenstunden einigten. Der Dienstplan wurde gemeinsam erarbeitet und gemeinsam dessen Einhaltung gesteuert. Das half, wenn es zu Beginn auch schwierig war. Nun, 'was Leichtes kann jede*r.

Und heute? Heute stehen alle füreinander ein, das freut die Patient*innen und die Chefs und natürlich Biggi, Monika, Heidi, Lisa, Sophia, Hanna und Marie.

8.1   Zusammenarbeit im Team

Unter Zusammenarbeit in der Arzt- und Zahnarztpraxis verstehen wir das zweckgerichtete Zusammenwirken zweier oder mehrerer Mitarbeiter*innen. Hierbei unterscheiden wir zwischen Zusammenarbeit im Team und Zusammenarbeit über Hierarchiestufen hinweg, also zwischen Führungskraft und von ihr geführten Mitarbeiter*innen. Als Team bezeichnet man eine aus Mitarbeiter*innen zusammengesetzte Arbeitsgruppe, die das Ziel hat, arbeitsteilig eine oder mehrere Aufgaben zu lösen, im Rahmen eines gemeinsamen Projekts, d. h. jedes Teammitglied leistet seinen individuellen Beitrag zu Erreichung dieses Gesamtziels. Oft sprechen wir in Arztpraxen von einem Team, meinen aber tatsächlich die gesamte Belegschaft, die sich aus mehreren Unter-Teams zusammensetzt, z. B. dem Heilberufler*innen-Team, dem Empfangsteam, dem Laborteam.

8.1.1   Teamuhr

Der Teamfindungsprozess, also die Entstehung und Entwicklung eines Teams, lässt sich anhand der sogenannten Teamuhr (s. Abb. 8.1) gut darstellen. Danach durchläuft jedes Team ab seiner Entstehung vier verschiedene Phasen: Forming, Storming, Norming, Performing (Tuckman-Modell) und jede Phase weist ihre typischen Besonderheiten auf (Tuckman 1965):

- Forming: Kennenlernen und Beziehungsaufnahme
- Storming: Auseinandersetzungen
- Norming: Festlegung gemeinsamer Regeln
- Performing: Arbeitsphase, in der alle zum Teamerfolg beitragen (Stahl 2012)

Am Anfang sind die Beziehungen im Team noch offen und das gegenseitige Kennenlernen steht im Vordergrund *(Forming)*. Danach wird die Zusammenarbeit

Abb. 8.1 Teamuhr nach
Tuckman. (Eigene
Darstellung)

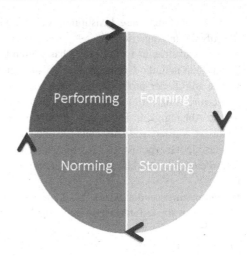

verhandelt, was Auseinandersetzungen mit sich bringen kann *(Storming)* und zu gemeinsamen Regeln der Zusammenarbeit führt *(Norming)*, damit in der anschließenden Arbeitsphase alle Teammitglieder ihren Beitrag zum Teamerfolg leisten können *(Performing)*.

Seit einigen Jahren ist als Erweiterung des Tuckman-Modells als fünfte Phase das *Adjourning* dazugekommen *(Stahl* 2012). In ihr lösen sich Teams, die vorübergehend zusammengearbeitet haben, auf, dauerhafte Teams setzen sich neu zusammen, mit derselben Besetzung oder ggf. Abgängen und Neuzugängen, und der Teamfindungsprozess beginnt dann wieder von vorne. Eine wichtige Erkenntnis aus der Teamuhr ist, dass Auseinandersetzungen in Teams normal und wichtig sind und, wenn sie konstruktiv gelöst werden, zu einer guten Zusammenarbeit führen können.

Das Forming ist die Phase der Orientierung. Die Gruppe konstituiert sich und nimmt Aufgaben und Ziel ins Visier.

- Aufgaben:
  - fragen, Informationen sammeln,
  - Ziele klären, verstehen, definieren,
  - Methoden entwickeln.
- Interaktion:
  - Suche nach Akzeptanz, Rolle,
  - Abhängigkeit von Leitung, mitgebrachten Normen/Standards,
  - unpersönliches, vorsichtiges Abtasten, gespannt, höflich.

- In der Anfangsphase konstituiert sich die Gruppe und nimmt erstmalig ihre Aufgabe in Augenschein.
- Die Teamstruktur ist in dieser Phase durch hohe Unsicherheit gekennzeichnet. Alles ist neu, die Gruppenzukunft noch weitgehend unbestimmt.
- Die Mitglieder probieren aus, welches Verhalten in der Situation akzeptabel ist, und konzentrieren sich darauf, in erster Linie eine gute Figur zu machen.
- Die Abhängigkeit der Gruppe von einer formellen Führungsperson, die strukturiert, initiiert und entscheidet, ist hoch.
- Für die Gruppe ist es wichtig, dass Teilaufgaben, Regeln, und geeignete Arbeitsmethoden klar definiert werden.

Das Storming ist die Phase des Kampfes. Unterschiedliche Denk- und Handlungsweisen sowie Interessen führen zur Konfrontation.

- Aufgaben:
  - Entweder-oder-Muster,
  - Definieren von Aufgabenrollen,
  - Widerstand gegen Aufgaben und Methoden.
- Interaktion:
  - unterschwellige Konflikte,
  - ungleichmäßige Interaktion, Cliquenbildung,
  - Kampf um Territorien/Status.
- Hat sich die Gruppe erst einmal etabliert, folgt eine Phase von Turbulenz und kritischem Aufbegehren.
- Konflikte zwischen Untergruppen brechen auf, Meinungen polarisieren sich, Konkurrenz zwischen den Mitgliedern wird deutlich, Macht- und Status-Ambitionen treten offen zutage.
- Innerhalb der Gruppe wird um die Positionen gerungen.
- In dieser Phase lehnt das Team formelle Kontrolle ab und opponiert deutlich gegen die Leitung.
- Die Aufgabenanforderungen werden emotional abgelehnt.

Das Norming ist die Phase der Organisation. Ein Konsens wird gefunden, mit Spielregeln und Richtlinien wird das Ziel verfolgt.

- Aufgaben:
  - Spielregeln für den Umgang,
  - offene Klärung der Standpunkte,
  - kooperative Suche nach Alternativen.
- Interaktion:
  - Entspannung/Wohlfühlen,
  - Harmonietendenz/Konfliktvermeidung,
  - Idealisierung/Elitedarstellung nach außen.
- In dieser Phase einigt sich das Team auf seine Spielregeln und etabliert Teamnormen und eine eigene Organisation.
- Das Wir-Gefühl und der Zusammenhalt im Team bilden sich aus.
- Widerstand gegen die Führungsautorität und interpersonelle Konflikte werden abgebaut bzw. bereinigt.
- Das Aufgabenverhalten ist durch offenen Austausch von Meinungen und Gefühlen gekennzeichnet.
- Kooperation entsteht.

Das Performing ist die Phase der Integration. Die Voraussetzungen für die inhaltliche Arbeitsphase sind geschaffen. Alle Energie steckt in der Zusammenarbeit (Synergie), Problemlösung steht im Vordergrund.

- Aufgaben:
  - flexible Arbeitsweise/Selbstorganisation,
  - Ideenreichtum und Effizienz,
  - Workculture (im Dienste des Teams),
  - ganzheitliche, rollierende Planung.
- Interaktion:
  - Übernahme von Verantwortung füreinander (Wir-Gefühl),
  - selbstverständliche Reflexion über Zusammenarbeit/Feedback,
  - geklärte Verhaltensstandards.
- Die Teamstruktur ist jetzt für die Aufgabenerfüllung vollends entwickelt.
- Interpersonelle Probleme sind gelöst oder weitgehend entschärft.
- Das Rollenverhalten im Team ist flexibel und funktional.
- Die Aufgabenbearbeitung erfolgt konstruktiv, Problemlösungen und die Orientierung auf die Ziele stehen im Vordergrund.
- Die Energie des Teams wird ganz der Aufgabe gewidmet (Haupt-Arbeitsphase).

8.1.2 Das Riemann-Thomann-Kreuz

Vier Grundausrichtungen machen nach dem Riemann-Thomann-Modell (dargestellt in einem Koordinatenkreuz, dem „Riemann-Thomann-Kreuz") die Interaktion von Teammitgliedern aus: das Bedürfnis nach *Nähe* (zwischenmenschlicher
Kontakt, Harmonie, Geborgenheit) oder nach *Distanz* (Unabhängigkeit, Ruhe,
Individualität) und das Bedürfnis nach *Dauer* (Ordnung, Regelmäßigkeiten, Kontrolle) oder *Wechsel* (Abwechslung, Spontaneität, Kreativität). Teamkolleg*innen
nehmen diese bei den anderen wahr, vergleichen sie mit ihren eigenen und
stellen entweder Übereinstimmungen oder Unterschiede fest. Begegnen sich
Kolleg*innen in der Storming-Phase mit unterschiedlichen Grundausrichtungen,
kann dies entweder dazu führen, dass sie sich aufeinander einstellen und einen
guten Umgang miteinander finden (komplementären Gegenbewegung) oder sich
polarisieren, was zu Konflikten führen kann (Thomann 2004).

8.1.3 Die vier gruppendynamischen Hauptrollen

Jedes Mitglied nimmt innerhalb eines Teams eine gruppendynamische Rolle an,
die seine eigene Identität prägt und die Stabilität der Gruppe fördert. Hierbei
lassen sich vier Hauptrollen unterscheiden: *Führer*in*, *Mitläufer*in*, *Außenseiter*in* und *Sündenbock*. Das Teammitglied mit dem höchsten Ansehen übernimmt
die Rolle des Führenden, oft ist dies die*der (Betriebs-)Älteste. In Krisen oder
konflikthaften Situationen kann es zu einem Führungswechsel kommen, dann
übernimmt die*derjenige, die*der mit den akut anstehenden Fragen am besten
umgehen kann. Mitläufer*innen stehen hinter der Führungsperson, unterstützen
sie und halten sich mit eigenen Themen zurück. Sie sind ähnlich alt wie diese
oder etwas jünger. Das Gegenstück zur Führungsperson bildet der Sündenbock,
der mit Tabuthemen in Verbindung gebracht wird, außerhalb des Gruppenfeldes
steht und dieses dadurch stabilisiert. Eher randständige Themen vertritt die*der
Außenseiter*in und kann in Führungspositionen hineinwachsen, wenn Veränderungen anstehen. Außenseiter*in oder Sündenbock gehören häufig einer anderen
Generation an als der Rest des Teams, entweder sind sie deutlich jünger oder
deutlich älter.

8.1.4 Kommunikation im Team

Grundlegend wichtig für die Zusammenarbeit im Team ist es, gut miteinander zu kommunizieren. Dadurch können Teammitglieder Ziele, Rollen und Abläufe miteinander abstimmen und absprechen, wer konkret welchen Beitrag leistet und wie die Mitglieder inhaltlich reibungslos zusammenwirken. Dadurch stellen sie sicher, dass die gemeinsame Aufgabe rechtzeitig und mit hoher Qualität erledigt wird. Dies wird im Rahmen der Norming-Phase besprochen und durch das Aufstellen gemeinsamer Regeln und die Verteilung von Rollen und Aufgaben umgesetzt. In dieser Phase wird auch sichergestellt, dass Struktur und Klarheit gewährleistet werden, was dann der Fall ist, wenn die Ziele, Rollen und Abläufe gut miteinander besprochen werden. Dadurch erscheint jedem Teammitglied sein Beitrag wesentlich. Eine ganz zentrale Kommunikation in der Zusammenarbeit ist das Feedback als Reaktion des Arbeitsumfeldes auf eine Aufgabenausführung. Es zeigt, wie hilfreich das Ergebnis den Kolleg*innen erscheint, und was ggf. noch zu tun wäre, um das gemeinsame Projektziel zu erreichen.

Kommunikation ist neben dem Austausch von Informationen *(Sachebene)* auch Beziehungspflege *(Beziehungsebene)*. Sie kann dazu beitragen, dass Teammitglieder sich im Team gut aufgehoben fühlen, dass sie den Eindruck haben, einen wichtigen Beitrag zu leisten und sich gut aufeinander verlassen zu können.

Umfragen zeigen, dass Mitarbeiter*innen für effiziente Teamarbeit psychologische Sicherheit am wichtigsten ist, sie sich im Team gut aufgehoben fühlen, wenn sie keine Angst haben müssen, dass sich jemand über ihre Vorschläge lustig macht, wenn Risiken erlaubt und Fehler akzeptiert werden, wenn man andere um Hilfe bitten kann (Mele, ohne Jahr). Und wenn jeder im Team weiß, dass alle Mitglieder ihren Beitrag zu diesem Ziel leisten und dass sie sich aufeinander verlassen können. Für gute Zusammenarbeit sind beide Ebenen der Kommunikation wichtig, der inhaltliche Austausch und Abgleich ebenso wie das kollegiale, soziale Miteinander. Auf welche Weise sich Kolleg*innen austauschen, sagt viel über ihre Beziehung, z. B. im Sinne von Nähe und Distanz aus, aber auch darüber, in welchem Verhältnis sie zueinander stehen, ob sie sich auf Augenhöhe begegnen oder ein (gefühltes) Über-/Unterordnungsverhältnis wahrnehmen.

8.1.5 Transaktionsanalyse

Die Beziehung zwischen Kolleg*innen kann mithilfe der Transaktionsanalyse eingeordnet werden. Sie unterscheidet drei Ich-Zustände, in denen sich Menschen begegnen können: das *Erwachsenen-Ich,* das *Eltern-Ich* und das *Kindheits-Ich.*

Diese Ich-Zustände sind aktuelle Reaktionsmuster, die allerdings zum Teil auf unbewussten Reaktivierungen von früheren Beziehungserinnerungen beruhen, so beim Kindheits-Ich auf Erlebnissen aus der Kindheit. Schaffen wir Reaktionsmuster, die sich komplett auf die aktuelle Situation beziehen, dann befinden wir uns im Erwachsenen-Ich. Übernehmen wir Reaktionen von anderen, dann befinden wir uns im Eltern-Ich. Als Transaktion bezeichnet man die Begegnung von zwei Menschen in ihren jeweiligen Zuständen und die dabei erfolgenden Reaktionen aufeinander.

Zwei Kolleg*innen, die sich auf Augenhöhe begegnen, interagieren im Erwachsenen-Ich. Dieser Zustand ist die ideale Basis für konstruktive und respektvolle Kommunikation und ein Zeichen guter Zusammenarbeit. Wird ein Über-/Unterordnungsverhältnis wahrgenommen, dann kommuniziert der*diejenige Kolleg*in, der*die sich als übergeordnet einschätzt, auf der Eltern-Ich Ebene und die*der Kolleg*in, die*der als untergeordnet empfunden wird, reagiert aus dem Kindheits-Ich heraus. Ein solches Ungleichgewicht kann aufgrund einer offiziellen Hierarchiestufe, aber auch aufgrund unterschiedlichen Alters oder verschieden langer Betriebszugehörigkeit angenommen werden. Das Eltern-Ich kann fürsorglich und verständnisvoll sein oder bevormundend und zurechtweisend. Das Kindheits-Ich kann gehorsam und lernwillig sein oder trotzig und wütend. Eine solche Transaktion zwischen Eltern-Ich und Kindheits-Ich kann kongruent sein, zum Beispiel zurechtweisend und gehorsam; dann funktioniert sie, muss aber deshalb noch lange nicht hilfreich sein. Oder sie ist inkongruent, also z. B. bevormundend und trotzig, dann entsteht ein Konflikt.

Kritik funktioniert am besten in der Transaktion durch zwei Erwachsenen-Ichs: Eine Kollegin bedankt sich z. B. für den konstruktiven Hinweis auf einen Fehler und behebt diesen. Erfolgt die Kritik hingegen herablassend (Eltern-Ich), so reagiert die andere Seite darauf möglicherweise trotzig und streitet den Fehler ab (Kindheits-Ich). Dann ist diese Kommunikation für die Behebung des Fehlers nicht hilfreich gewesen. Die kritisierte Kollegin hätte auf die als Bevormundung empfundene Kritik auch aus dem Erwachsenen-Ich heraus reagieren können, indem sie sich für den Hinweis bedankt und den Fehler korrigiert und zusätzlich auf den von ihr als unangemessen empfundenen Ton hinweist. Dadurch begegnet sie dem Eltern-Ich des anderen nicht durch das Kindheits-Ich, sondern auf der Ebene des Erwachsenen-Ichs. Sie spricht die von ihr wahrgenommene Inkongruenz an und ermöglicht dadurch, diese aufzulösen.

8.2 Teamsitzung als Instrument des Generationenmanagements – oder: Gemeinsam sind wir stark

Schlosser dachte über seinen unglücklichen Zusammenstoß mit Biggi nach. Er dachte an seinen Ärger, seine Verletztheit, seine Enttäuschung. Er hatte eine schlechte Nacht vor sich, nicht nur weil seine Kinder irgendwie aufgedreht waren und nicht zur Ruhe kamen, sondern auch, weil er das Gespräch mit Biggi nicht aus dem Kopf bekam. Nachdem sein Ärger mehr und mehr verraucht war, fragte er sich, wie das passieren konnte. Er wollte nicht „chefig" rüberkommen. Er wollte gut mit Biggi klarkommen, nicht nur weil sie eine sehr erfahrene und akzeptierte Mitarbeiterin war, sondern auch, weil es zu seinen Ansprüchen an sich selbst zählte. So gesehen, war die Begegnung mit Biggi gehörig danebengegangen. Und dennoch, es würde und müsste Veränderungen geben, damit Schlosser sich in seiner eigenen Praxis wohlfühlen könnte. Ihm leuchtete ein, dass das nicht einfach so passieren würde. Er fragte sich: „Wie muss ich als Praxisinhaber*in eigentlich denken, fühlen und handeln, damit meine Mitarbeiterinnen alternsgerecht geführt, beteiligt und eingebunden werden? Und dies vor allem auch aus deren Sicht."

Am nächsten Morgen erzählte Schlosser Müller von seinem Gespräch mit Biggi, seinen Gedanken im Nachgang und den Fragen, die er sich stellte. Müller hatte Verständnis für seinen jungen Partner. Er war halt noch unerfahren, aber was Biggi sich da geleistet hatte, das ging ja gar nicht. Klar hatte sie das Heft des Handelns stets in der Hand und ihm immer den Rücken freigehalten. Lisa war zwar offiziell von ihm zur Praxismanagerin gemacht worden, aber Biggi zog im Hintergrund die Strippen, so, wie er es gewohnt war und sich vorstellte. Es lief.

Aber so ein Verhalten konnte durchaus zur Folge haben, dass sein junger Partner hinwerfen würde. Der Gesellschaftsvertrag und der Kaufvertrag gaben das her. Müller erkannte in diesem Moment, dass es für alle Beteiligten, auch für ihn, wichtig sein würde, dass ein funktionierender Übergang von ihm auf Schlosser geregelt werden musste, für Schlosser und die angestellten Mitarbeiterinnen. So gesehen, war Müller dankbar für den Zwist, den es zwischen Schlosser und Biggi zu geben schien. Er dankte seinem jungen Kollegen für dessen Offenheit.

Schlosser und ihm war klargeworden, dass sie ohne ihre Mitarbeiter*innen nicht vorankommen würden. Sie fragten sich, wie es gelingen könnte, alle, wirklich alle, mitzunehmen auf den Weg in die Zukunft der Praxis. Sie entschieden sich, der Frage „Wie muss ein*e Praxisinhaber*in eigentlich denken, fühlen und handeln, damit Mitarbeiter*innen alternsgerecht geführt, beteiligt und eingebunden werden?" in einer Teamsitzung, mit ausreichend Zeit, einem ansprechenden Rahmen und einer geeigneten Moderation auf den Grund zu gehen.

Teamsitzungen können entweder nervtötend und einschläfernd oder aber zielführend, sachorientiert, fair und engagiert gestaltet und genutzt werden. Das stellt hohe Anforderungen an die Fähigkeiten und Kompetenzen. Die Leitung ist nicht nur für die sinnvolle Aufbereitung und Bearbeitung des Besprechungsthemas zuständig, sondern hat auch eine Gruppe mit all ihren Eigenheiten zu leiten. Nicht zuletzt leistet sie den Spagat zwischen ihren Moderationsaufgaben und ihrem Engagement in der Sache.

Teamsitzungen sind häufig keine echten Mitarbeiter*innentreffs, an denen alle gleichmäßig beteiligt sind, sondern Vortragsveranstaltungen der Praxisleitung. Es gibt vieles, das schiefgehen kann:

- Es kommt nur die Hälfte der Angestellten, am nächsten Tag wird alles wieder aufgerollt.
- Die Organisation ist schlecht.
- Ein Protokoll fehlt.
- Die Besprechungen werden außerhalb der Arbeitszeit oder nach langen Arbeitstagen angesetzt.
- Es gibt keine Bewirtung oder zusätzliche Vergütung.

Da wundert es kaum, wenn Mitarbeiter*innen nicht vor Motivation überschäumen. Ein immer wieder aufkeimendes Problem: Je stärker sich jede*r Einzelne einbringt, desto „hitziger" ist die Diskussion. Teamsitzungen gestalten sich einfach, wenn nur eine*r „das Sagen" und die Macht hat, sich durchzusetzen. Wenn es aber darauf ankommt, im Praxisteam zu arbeiten, Betroffene zu Beteiligten zu machen und das Wissen der Mitarbeiter*innen zu nutzen, drohen anstrengende, zeitraubende Besprechungen, Sitzungen, Meetings oder Gespräche, weil es darauf ankommt, alle in die Willens- und Meinungsbildung einzubeziehen, Interessen abzuwägen und sich zu mäßigen.

Dies gelingt umso besser, je klarer folgende Annahmen Berücksichtigung finden:

- Gruppengröße:
  - maximal zehn Personen (danach sind sinnvolle Gruppenprozesse nicht mehr von einer*m Moderator*in zu gestalten).
- Teilnehmer*innen:
  - die richtigen Leute einladen,
  - so viel wie nötig, so wenig wie möglich einladen,
  - alle Betroffenen (Vertreter*innen jeder Abteilung) einladen,
  - Teilnehmer*innen vorab informieren.

- Umfeld:
  - keine Störungen,
  - passender Zeitrahmen,
  - organisierte, technische Ausstattung.

Es hat sich als sinnvoll und hilfreich erwiesen, bestimmte kommunikative Regeln während einer Teamsitzung zu befolgen und deren Einhaltung zu organisieren. Zu diesen Regeln zählen:

- aktiv zuhören, die Teilnehmer*innen ausreden lassen,
- Killerphrasen vermeiden,
- miteinander, nicht übereinander reden,
- jede Meinung zählt und wird beachtet, auch leise, unvollständige oder vereinzelte,
- beim Thema bleiben,
- bei Unverständnis nachfragen,
- Beleidigungen und andere unsachliche Äußerungen vermeiden,
- die festgelegte Zeit beachten/einhalten und
- Änderungen aller Art und alle Beschlüsse schriftlich festhalten (z. B. Fotoprotokoll).

Ein wiederkehrender Ablauf von Teamsitzungen macht es möglich, dass die Verantwortung für die Moderation rolliert und jede*r Mitarbeiter*in einmal die Verantwortung für die Moderation der Teamsitzung übernimmt. Gerade jüngere Menschen schätzen Herausforderungen und die damit verbundene Wertschätzung. Ein Ablaufplan für eine Teamsitzung könnte wie in Abb. 8.2 dargestellt aussehen.

Bei der Moderation ist darauf zu achten, dass die verantwortliche Person (Führungskraft, Teammitglied oder neutrale*r Moderator*in) die Meinungen aller hört und berücksichtigt, niemand die Gruppe inhaltlich dominiert, Lösungen immer Lösungen des Teams sind, Betroffene zu Beteiligten gemacht werden, alle aktiv in die Besprechung einbezogen werden, Fragen an die Gruppe zurückgegeben werden und es keine Kommentierung oder Bewertung von Teilnehmer*innenbeiträgen gibt.

Im Vorfeld der Teamsitzung gilt es, die Besprechungsthemen festzulegen, die Besprechungsziele zu definieren, den Kreis der Teilnehmer*innen zu definieren, den Zeitrahmen festzulegen und das Format bzw. das Design der Teamsitzung zu erarbeiten. Danach geht es an die Erledigung der organisatorischen Punkte: Einla-

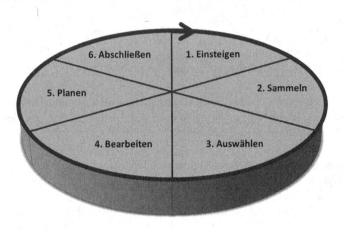

Abb. 8.2 Phasen einer Teamsitzung

dung, Informationsmanagement, Unterlagen und Arbeitsmaterialien sowie Raum, Technik und (Pausen-)Verpflegung.

Fragen, die eine Vorbereitung voranbringen und eine Teamsitzung erfolgreich werden lassen, sind in Tab. 8.1 zusammengestellt.

Abb. 8.3 zeigt die Phasen und Aufgaben, die sich für eine erfolgreiche Teamsitzung aus den Fragen aus Tab. 8.1 ergeben.

Tab. 8.1 Checklisten für Teamsitzungen

Fragen zur Vorbereitung der Einleitung könnten sein:	erledigt
Wie begrüße ich die Teilnehmer*innen?	
Wie stelle ich Anlass und Hintergrund der Sitzung dar?	
Wie erläutere ich den Teilnehmer*innen die Besonderheiten einer moderierten Sitzung?	
Wie stelle ich das Ziel (oder die einzelnen Teilziele) der Sitzung dar?	
Wie unterstütze ich die Gruppe bei der Zielfindung und -formulierung?	
Wie erfasse ich die Erwartungen der Teilnehmer an die moderierte Sitzung?	
Wie gleiche ich die Erwartungen mit dem Ziel der Veranstaltung ab?	
Wie erfasse ich die Stimmungen in der Arbeitsgruppe und erreiche, dass mögliche Störungen vor dem Einstieg in die Arbeit geäußert, ggf. bearbeitet oder geparkt werden?	
Welche Spielregeln für den Umgang miteinander möchte ich anbieten und mit der Gruppe vereinbaren?	
Wie stelle ich den von mir gedachten Ablauf und den Zeitrahmen der gesamten Sitzung vor?	

(Fortsetzung)

Tab. 8.1 (Fortsetzung)

Fragen zur Vorbereitung des Hauptteils:	erledigt
Wie gleiche ich die Erwartungen mit dem Ziel der Veranstaltung ab?	
Welche Arbeitsschritte biete ich der Gruppe zur Bearbeitung des ersten Teilziels an?	
Welche Moderationsverfahren schlage ich der Gruppe für die Bearbeitung der einzelnen Arbeitsschritte vor?	
Wie lauten die konkreten Arbeitsfragen und spezifischen Ziele für die einzelnen Arbeitsschritte, die ich anbieten werde?	
Wie visualisiere ich Ziele, Spielregeln und Arbeitsfragen der verschiedenen Moderationsverfahren?	
Wie organisiere ich die Ergebnissicherung einzelner Arbeitsschritte?	
Wie viel Zeit benötigt die Gruppe erfahrungsgemäß für die einzelnen Schritte?	

(Fortsetzung)

Tab. 8.1 (Fortsetzung)

Fragen zur Vorbereitung des Abschlusses:	erledigt
Wie gestalte ich den Maßnahmenplan für das weitere Vorgehen im Anschluss an die Sitzung?	
Mit welchem Verfahren und welcher Fragestellung biete ich der Gruppe eine Stimmungsabfrage nach Beendigung der inhaltlichen Arbeit an?	
Wie gestalte ich den Abgleich der Erwartungen der Teilnehmer*innen zu Beginn der Sitzung mit den erzielten Ergebnissen?	

Phasen / Aufgaben	Orientierung und Strukturierung	Volle Arbeitsfähigkeit	Abschluss
Spezifika der Gruppenphase	Orientierung brauchen – Wie läuft das hier ab?	Arbeitslust	Wunsch, „keine offenen Enden" zu hinterlassen
	Nähe und Distanz ausbalancieren	gegenseitige Akzeptanz	letzte Fragen zur Beschlussumsetzung
	sich anleiten lassen und unabhängig bleiben	relative Offenheit	Bewerten der gemeinsamen Arbeit
	den Eigenen Platz finden wollen	Konflikte werden leicht bewältigt	Abschlussstimmung
Aufgaben der Besprechungsleitung	alles formal Klärbare klären	konsequente Nutzung der Moderationstechnik	dem Team zu einem sauberen Abschluss verhelfen
	dem Team verbalen Kontakt ermöglichen	alle einbeziehen	dem Team helfen abzuschließen
	dem Team helfen seine Bedürfnisse – auch negative – zu äußern	Störungen bearbeiten	die Besprechung positiv abschließen

Abb. 8.3 Aufgaben in einer Teamsitzung

Mitarbeiter*innenorientierte Praxisführung – oder: Der Köder muss dem Fisch schmecken und nicht dem Angler

9

„Wie um alles in der Welt sollte das gehen?", fragte sich Schlosser. Es war doch klar, dass sie alle Mitarbeiterinnen schätzten, sonst würden diese schließlich nicht in der Praxis arbeiten. Gezahlt wurde auch ordentlich, der Berater meinte sogar mehr als anderswo. Und dennoch wurde während der letzten Teamsitzung und auch in den Personalgesprächen – Schlosser hatte die, auf Anraten einer Mitarbeiterin der Beratungsgesellschaft, eingeführt, obwohl Müller meinte, dass es früher auch ohne sehr gut gegangen sei – deutlich, dass es den Mitarbeiterinnen an Wertschätzung fehlt.

„Fehlt? Was wollen die denn noch?!", so die erste Reaktion nach der Teamsitzung.

Lösungen wurden noch nicht erarbeitet, das stand auf der Tagesordnung für die nächste Teamsitzung, die Biggi moderieren und gestalten wollte. Müller und Schlosser tauschten sich dazu aus und listeten erst einmal auf, was sie schon alles taten: sehr gute Bezahlung, Geburtstagsgeschenke, übertarifliche Urlaubstage, Weihnachtsfeiern, gelegentliche Fortbildungen, Praxisausflüge und ein stets freundliches Miteinander. Als Lisa Mutter wurde, gab es sogar ein Geschenk für die Kleine. Auf der aktuellen Website der Praxis waren alle Mitarbeiter*innen zu sehen und wurden vorgestellt. Sie konnten alle agieren, wie sie es für richtig hielten, es sei denn, es passte nicht zu den Erwartungen der Praxisinhaber. Also, was fehlte?

Klar, wusste vor allem Müller noch, manchmal wurde es früher auch mal laut. Es kam schon vor, dass jemand vor anderen kritisiert wurde, aber das war immer notwendig und die anderen Mitarbeiterinnen lernten ja auch daraus. Mitunter waren die Mädchen aber auch empfindlich. Es ging doch nicht, dass hier jeder macht, was er will. Auf dem Kopf rumtanzen ließen sich die Praxisinhaber auf keinen Fall. Außerdem wurde neben der Kritik auch immer etwas Gutes gesagt.

I. Lütkehaus et al., *Generationenmanagement in Arzt- und Zahnarztpraxis*, https://doi.org/10.1007/978-3-658-29530-1_9

Nach der Teamsitzung mit dem Tagesordnungspunkt „Woran genau erkennen wir die gegenseitige Wertschätzung", hatten Müller und Schlosser das Gefühl, dass ihre Mitarbeiterinnen überarbeitet und unterlobt sind.

„Unsere Kollegen und Kolleginnen hinken da hinterher", meinte Müller.

Obwohl, am Stammtisch hatte er aufgeschnappt, dass eine jüngere Kollegin ihren Mitarbeiter*innen Diensthandys und Vorsorgeuntersuchungen finanziert. Schlosser sagte zu dem Thema, dass sich die Zeiten und damit auch die Erwartungen an Arbeit geändert hätten.

„Die Menschen heute denken eher, dass man arbeitet, um zu leben, und nicht umgekehrt."

Er selbst verstehe das sehr gut. Er habe neben der Arbeit seine beiden Kinder, denen er Vater sein möchte. Er wisse noch zu gut, wie es ist, wenn man den Vater nur morgens nach dem Aufstehen und vielleicht abends beim Zubettgehen sieht. So wollte er nicht sein. Aber zu wenig zu loben und zu viel zu fordern, das hatte ihm noch niemand gesagt. Aber ja, in der Klinik hatte er sich auch mehr Anerkennung und Wertschätzung gewünscht. Heute bekommt er diese durch die Patienten und Patientinnen sowie durch den Kontostand. Aber loben täte ihn auch niemand.

Schlosser tauschte sich dazu mit seinem Berater aus, der auch sein Coach war. Danach war ihm klar, dass er selbst dafür sorgen konnte, seinen Mitarbeiterinnen die Wertschätzung zuteilwerden zu lassen, die sie sich wünschten. Diese „Erkenntnis" teilte er mit Müller und beide freuten sich auf die Anregungen, die sie vermutlich in der kommenden Teamsitzung erhalten würden. Der Köder musste halt dem Fisch schmecken und nicht dem Angler.

Wertschätzung, Anerkennung und Respekt sind Bestandteile einer aktuellen Führungshaltung. Heute erwarten Menschen bzw. entscheiden sich Menschen für eine Haltung der Führungskräfte, die von diesen drei Schlüsselmerkmalen geprägt und somit wettbewerbsfähig ist.

Mit dem Begriff der Wertschätzung bezeichnet man laut Wikipedia (Wertschätzung/Wikipedia 2020) die positive Bewertung eines anderen Menschen. Sie gründet auf einer inneren allgemeinen Haltung anderen gegenüber. Wertschätzung betrifft einen Menschen als Ganzes, sein Wesen. Sie ist eher unabhängig von Taten oder Leistung, auch wenn solche die subjektive Einschätzung einer Person und damit die Wertschätzung beeinflussen.

Wertschätzung ist demnach verbunden mit Respekt und Wohlwollen und drückt sich aus in Zugewandtheit, Interesse, Aufmerksamkeit und Freundlichkeit. *„Er erfreute sich allgemein hoher Wertschätzung"*, meint umgangssprachlich: Er ist geachtet und respektiert.

Es scheint eine Korrelation zwischen Wertschätzung und Selbstwert zu geben: Menschen mit hohem Selbstwert haben öfter eine wertschätzende Haltung anderen gegenüber, werden öfter von anderen gewertschätzt, wohingegen Personen, die zum aktiven Mobbing neigen, vermutlich damit ein eher geringes Selbstvertrauen kompensieren wollen.

Empfangene und gegebene Wertschätzung vergrößern das Selbstwertgefühl sowohl bei der*dem Empfänger*in als auch bei der*dem Geber*in. Gewertschätzte Personen sind, wenn sie ein offenes Wesen haben und kontaktfreudig sind, oft auch beliebt.

Das Gegenteil von Wertschätzung ist Geringschätzung, sie kann bis hin zur Verachtung reichen.

Der Begriff Anerkennung ist gleichbedeutend mit Akzeptanz, Lob oder Respekt. Gegenseitige Anerkennung gilt als notwendig für jede Art von Zusammenleben, auch im Beruf. Wird ein Gruppenmitglied nicht anerkannt, gerät es in Gefahr, zur*zum Außenseiter*in zu werden. In der Psychologie wird der enge Zusammenhang von Anerkennung (als Lob, Bestätigung oder Respekt) und der Entwicklung und Bewahrung des Selbstwertgefühls eines Menschen betrachtet.

Im Konzept der Emotionalen Kompetenz von Claude Steiner spielt die Idee der Anerkennung eine zentrale Rolle (Steiner 2001). Es wird davon ausgegangen, dass viele Menschen unter einem erheblichen Mangel an Anerkennung und Zuwendung, sogenannten *Positive Strokes,* leiden. Als Ursachen werden verinnerlichte dysfunktionale Beziehungsmuster aus der Kindheit und der weiteren Entwicklung angenommen. Als Folgen dieses Zuwendungsmangels werden seelische Erkrankungen konstatiert.

Claude Steiner entwickelte den Gedanken der *Stroke-Ökonomie:* Anerkennung wird innerhalb der Familie unbewusst knappgehalten. Damit erreichen Eltern, dass eine Situation, in der unbegrenzt Anerkennung gegeben wird, umgewandelt wird in eine Situation, in der Anerkennung Mangelware ist und der Preis dafür entsprechend hoch. Nach Steiner dient dies Eltern dazu, ihre Kinder steuern zu können. Steiner glaubt, dass Erwachsene immer noch unbewusst diese Regeln im Alltag befolgen und so zu wenig Anerkennung geben und erhalten. Mal angenommen, dieses Konzept hätte die Generation der Babyboomer und die Generation X geprägt, dann wäre es wahrscheinlich, dass diese im Sinne einer *Stroke-Ökonomie* führen. Dieser Umstand wäre verständlich, würde bei Mitarbeiter*innen der Generationen X, Y und Z vermutlich aber das Gegenteil bewirken, weil hier sehr unterschiedliche Wünsche, Erwartungen und Bedürfnisse von Führungskräften berücksichtigt werden können, wie Tab. 9.1 zeigt.

Als Respekt wird die „anerkennende Berücksichtigung des Wertes" von etwas, im Standardfall einer anderen Person bezeichnet. Respekt in diesem Sinne kann

Tab. 9.1 Feedbackerwartungen der Generationen

	Babyboomer	Generation X	Generation Y	Generation Z
Feedback	nur bei Anlass Kritik, Lob ist verdächtig	regelmäßig positiv und negativ – begründet, klar	möglichst oft und möglichst positiv	spontan, direkt und transparent, nicht konfrontativ
Was wirklich stört	als alt und/oder langsam bezeichnet zu werden, keine Weiterbildung, zu viel Veränderung	zu wenig Anerkennung als Leistungsträger, zu wenig Selbstständigkeit, zu viel Veränderung	zu wenig Aufmerksamkeit, keine Unterstützung, keine Chancen, an coolen Aufgaben beteiligt zu werden, keine Veränderung	zu wenig Aufmerksamkeit, von oben herab, negative Kritik, zu viel Verantwortung, keine Innovation, Ratschläge im privaten Bereich

jedoch auch Regeln entgegengebracht werden, Institutionen usw. Dabei schwankt die Bedeutung von Respekt in der bloßen Berücksichtigung der angenommenen Eigeninteressen und der Eigenheiten des Respektierten bis hin zur Bewunderung. So bei Wikipedia nachzulesen.

Es wird dort auch eine pädagogische Betrachtung angeboten, die mit der englischen Sprache und der dort genutzten Konnotationen des Wortes „Respekt" arbeitet und feststellt, dass der Gebrauch im Englischen milder als im Deutschen ist. *Respect* steht dort in erster Linie für die Achtung, die jeder Mensch jedem anderen menschlichen Wesen entgegenbringen soll. Dies auch im beruflichen Umfeld.

So darf vor diesem Hintergrund behauptet werden, dass ein respektvoller Umgangston untereinander und durch die Praxisleitung vorbildlich wirkt und stärkt. Gleiches gilt für eine Begegnung auf Augenhöhe, die stets ohne Herablassung oder Demütigung erfolgt. Die respektvolle Behandlung einer Mitarbeiterin kann zum Beispiel darin bestehen, ihre natürlichen Vorlieben zu respektieren und nicht lächerlich zu machen.

So wundert es denn auch nicht, dass sich in der direkten Zusammenarbeit Trends abzeichnen wie

- der Wunsch nach Augenhöhe und gegenseitigem Respekt,
- das Bedürfnis nach Vielfalt statt Gleichheit,
- der Wunsch nach Teamgeist statt Einzeldasein und Konkurrenz,
- lieber aus eigenem Antrieb als gezwungen,
- Spaß statt Stress,
- lieber individuell, als möglichst ähnlich.

Praxisinhaber*innen, die heute erfolgreich führen, tun dies, indem sie

- ihre Mitarbeiter*innen gezielt fordern und fördern,
- verständlich mit ihnen kommunizieren,
- aktiv zuhören,
- Position beziehen und Entscheidungen treffen,
- Feedback geben und fordern,
- den Rahmen für Engagement schaffen,
- Orientierung geben,
- Verantwortung übergeben und übernehmen,
- Veränderungen antreiben und begleiten,
- das Lernen und den Wissensaustausch fördern und
- Vielfalt und Mobilität sicherstellen.

Erfolgsfaktoren moderner Teamarbeit benötigen heute klar definierte, herausfordernde Ziele und sinnvolle Aufgaben. Das Praxisteam ist fachlich kompetent und beherrscht die neuesten, aber auch zweckmäßigen Arbeitsmethoden und -techniken. Wenn das Praxisteam aus guten Mitarbeiter*innen besteht und der Kompetenzmix stimmt, gilt das Prinzip Selbstverantwortung der Mitarbeiter*innen. Das Praxisteam soll sich gemeinsam gegen die Konkurrenz durchsetzen, aber auch intern zur Bestleistung anstacheln. Es gilt, auf natürliche Teambildung und Offenheit zu setzen. Erfolgserlebnisse sind wichtig, damit sich eine Gruppenidentität herausbilden kann. Emotionalität fördert das Führungsklima und ebenso die interne Kommunikation, besonders die informelle. Sie legt damit die Basis für eine Praxiskultur des Informationsaustausches in der künftigen Zusammenarbeit.

Die Teamsitzung war ein voller Erfolg. Biggi hatte sich gemeinsam mit dem Praxiscoach folgende Frage überlegt, um das Thema bearbeitbar zu gestalten: „Wie kann die Praxis allen Mitarbeitern*innen gleichwertig Wertschätzung vermitteln?"
Dazu entwickelte sie vertiefende Fragen.

Es kam zu guten, teils erwartbaren, teils unerwarteten Hinweisen, Wünschen, Befürchtungen und Chancen:

- *Was ist das Problem im Detail?*
  - *Ungleichbehandlung der Mitarbeiter*innen (MA),*
  - *Uneinigkeit der Praxisleitung,*
  - *Fürsorgepflicht,*
  - *respektvoller Umgang fehlt.*
- *Wie kommt es zu diesem Problem?*

- *Zeitmangel, sich um alle MA gleichermaßen zu kümmern,*
- *Unterscheidung zwischen neuen und langjährigen MA,*
- *neue MA werden mehr gewertschätzt, langjährige MA werden als selbstverständlich angesehen,*
- *Entscheidungen über die Köpfe der MA hinweg,*
- *Angst vor Krankmeldung.*
- Was oder wer fördert den Fortbestand des Problems?
  - *Der Ton macht die Musik (Müller, etc.),*
  - *Wortwahl,*
  - *fehlende Kommunikation,*
  - *schlechte Laune an MA auslassen,*
  - *Uneinigkeit der Praxisinhaber,*
  - *Umgang der MA untereinander,*
  - *Angst haben, Fehler zu machen.*
- Welche Ideen, Empfehlungen oder Tipps gibt es für eine Verbesserung der Situation?
  - *Zeitmangel auflösen und regelmäßige Mitarbeiter*innengespräche abhalten, Teamsitzungen alle 6 Wochen, Erfahrungen daraus einfließen lassen und den Prozess verbessern;*
  - *die Praxisinhaber müssen ihrer Fürsorgepflicht gerecht werden, und zwar allen Mitarbeiterinnen gegenüber in gleicher Weise;*
  - *alle sollen einen respektvollen Umgang miteinander pflegen, bei Abweichung soll dies in der folgenden Teamsitzung thematisiert und aufgelöst werden.*

*(Quelle: Diese Ergebnisse wurden aus einem Praxisworkshop des*der Autor*in übernommen.)*

Was Biggi auch begeisterte, war, dass ganz nebenbei eine Checkliste für zukünftigeTeamsitzungen oder Praxisworkshops entstand, die auch von den Kolleginnen und der Praxisleitung akzeptiert wurde (s. Tab. 9.2).

Biggi fühlte sich wohl in ihrer Haut. Allein das gemeinsame Einhalten der Termine und Vereinbarungen würde sie gemeinsam sowas von voranbringen. Ja, sie fing an, daran zu glauben, dass die Zukunft besser werden würde.

9.1   Mitarbeiter*innenmotivation – oder: Nicht gemeckert ist gelobt genug

Müller wusste noch ganz genau, wie es früher war, wenn Biggi und ihre Kolleginnen nicht so wollten wie er. Alles, aber auch wirklich alles musste man denen dann

Tab. 9.2 Organisationscheckliste für eine Teamsitzung

Zu Organisierendes	erledigt
Flipchart und Flipchartblock	
Ort (Praxis, Tagungsräume, Kooperationspartner)	
Raum in der Größe von 30 bis 60 qm	
ggf. Nebenraum für Übungen	
Musikbox (es darf auch nett sein)	
Fotoapparat/Handy für Fotoprotokoll (dann braucht niemand mitzuschreiben)	
Vorgefertigte Flipcharts	
Dauer (eine Stunde, zwei Stunden, halber Tag etc.)	
Einladung an Teilnehmer*innen (schriftlich/mündlich)	
Organisation übernimmt… (Verantwortliche*r)	

vorkauen. Und wenn das nicht half, wurden schwere Geschütze aufgefahren. Da wurde man schon mal lauter. Da war man schon mal bockig. Das war manchmal eine Stimmung, dass man im Strahl kotzen wollte. Er konnte seinen Mitarbeiterinnen damals manchmal nichts recht machen. Das sorgte hier und da dafür, dass Müller ungern zur Arbeit ging, und das, das konnte nicht sein.

Seit die Jüngeren da waren, hatte Müller gelegentlich das Gefühl, er müsse seine Angestellten mit Glacéhandschuhen anfassen. Als er damals die Leitung übernahm, war er es gewohnt, dass gemacht wurde, was er sagte, ohne Nachfragen oder ähnliches. Es reichte, wenn er sagte, was er wollte. Zu seiner Zeit war es aber auch so, dass die „Mädchen" froh sein konnten, wenn sie eine Arbeitsstelle in einer Praxis wie seiner hatten. Es gab Weihnachtsfeiern, Geburtstagsgeschenke, Wandertage, einen netten Umgangston (meistens), eine gute Bezahlung, ausreichend Urlaub und manchmal ließ er alle Fünfe gerade sein. Das war mit heute nicht zu vergleichen. Heute war es wichtig, dass die Praxen als Arbeitgeber*innen attraktiv waren, das hatte Schlosser ihm erzählt. Ohne seinen neuen Partner wäre es auch nie zu solchen Überlegungen gekommen wie zum Beispiel: „Was können wir als Praxisinhaber tun, damit sich junge, interessierte und aufgeweckte Schulabgänger*innen überhaupt bei uns bewerben und dann auch bleiben?"

Müller und Schlosser waren sich heute einig darin, dass die Attraktivität als Arbeitgeber*in eine entscheidende Rolle spielte. Beide sahen es als eine ihrer Hauptaufgaben in der Praxisführung an, die Mitarbeiter*innen nicht zu demotivieren. Das geschah schneller als man dachte und war in der Regel kaum auszugleichen. Heute, *mit dem offenen Umgang, der Teilhabe aller, den Teamsitzungen, den Mitarbeiter*innengesprächen, der Supervision durch die begleitende Beratung – hier zahlte es sich aus, dass eine Frau und ein Mann zur Begleitung zur Verfügung standen – und anderes mehr, waren sie als Arbeitgeber ausreichend attraktiv und die Mitarbeiterinnen motiviert bei der Sache. Das war sehr gut und sorgte unter anderem dafür, dass die Patient*innen gern in die Praxis kamen.*

Der Begriff Motivation (lateinisch *movere* = bewegen; motus = die Bewegung) bezeichnet in den Humanwissenschaften einen Zustand, der die Richtung und die Energetisierung des aktuellen Verhaltens beeinflusst. Mit der Richtung des Verhaltens ist insbesondere die Ausrichtung auf Ziele gemeint. Energetisierung bezeichnet die psychischen Kräfte, welche das Verhalten antreiben. Ein Synonym für Motivation wäre der Begriff „Verhaltensbereitschaft". Dabei bleibt oft unklar, was denn mit dieser Begrifflichkeit gemeint ist.

Geht es um Strategien zur Motivation in Praxen und ärztlichen bzw. zahnärztlichen Einrichtungen, klaffen die Vorstellungen noch weiter auseinander. Dort werden „motivierte" Mitarbeiter*innen gewünscht, doch herrscht zu wenig Motivation. Führungskräfte sowie Praxisinhaber*innen sollen ihre Mitarbeiter*innen motivieren können und so weiter ... Schaut man genauer auf den Begriff, erkennt man, dass intrinsische und extrinsische Motivation unterschieden werden. Was verbirgt sich dahinter?

Die intrinsische Motivation oder auch Lust beschreibt das Bestreben, etwas um seiner selbst willen zu tun (weil es einfach Spaß macht, Interessen befriedigt oder eine Herausforderung darstellt). Wie kann solch eine Motivation sichergestellt werden? Was gehört in der Praxis dazu, um intrinsische Motivation zu nutzen?

Dazu gehören solche Dinge wie Werte, Haltung, Meinung, Selbstbestimmtheit, Dazugehörigkeit, Sinn etc.

Im Gegensatz dazu existiert die extrinsische Motivation. Hier steht der Wunsch im Vordergrund, bestimmte Leistungen zu erbringen, weil man sich davon einen Vorteil (eine Belohnung) verspricht oder Nachteile (eine Bestrafung) vermeiden möchte.

Dazu gehören solche Dinge wie Geld, Karriere, Goodies, Vorgaben, Macht etc.

Es ist schnell erkennbar, dass Motivation, die auf das innere Streben setzt, in Arzt- und Zahnarztpraxen zu größeren und nachhaltigeren Erfolgen führen kann. Die Theorie weiß auch, dass Demotivation zu vermeiden ist.

Dies kann gut erreicht werden, wenn Mitarbeiter*innen möglichst häufig positive Rückkoppelung erhalten. Leistungsvergleiche innerhalb einer Gruppe sind nicht zwingend motivationserhöhend, ermöglichen jedoch leicht das Gegenteil vom Gewollten. Praxisinhaber*innen sind gut beraten, wenn sie keine Charaktereigenschaften, sondern Verhalten und/oder Leistung bewerten und oder bestätigen. Dabei ist es sehr wichtig, dass Leistung und Verhalten nicht pauschal, sondern genau und konkret bestätigt werden. Demotivation kann vermieden werden, wenn nicht nur ein Urteil abgegeben wird, sondern den Mitarbeiter*innen die positiven Auswirkungen mitgeteilt werden und sie so am erzielten Erfolg teilhaben. Letztlich kann durch Bestätigung die Selbstständigkeit der Mitarbeiter*innen gefördert werden.

Seit das Motivationsmodell nach Frederick Irving Herzberg im Jahr 1959 beschrieben worden ist, weiß man, dass die sog. Hygienefaktoren bzw. der Kontext der Arbeit wesentlich sind, allerdings nur ein „Minimum" an Motivation bzw. die „Normalleistung" sichern. Diese Faktoren sind:

- Praxisrichtlinien und Verwaltung,
- Überwachung und Führung,
- zwischenmenschliche Beziehungen,
- Arbeitsbedingungen,
- Lohn,
- Status,
- Sicherheit des Arbeitsplatzes.

Sollte mehr erreicht werden, wies Herzberg damals darauf hin, dass es noch sogenannte „Motivatoren" brauche, die den Inhalt der Arbeit definieren. Mit ihnen ist eine Steigerung über das Normale hinaus möglich. Diese Motivatoren nach Herzberg sind:

- vollbrachte Leistung,
- Anerkennung für vollbrachte Leistung,
- die Arbeit an sich,
- Verantwortungsgefühl,
- Aufstiegsmöglichkeiten,
- Wachstum.

Was Menschen antreibt, lässt sich in verschiedenen Theorien und Ausformungen nachlesen, die wiederum alle unterschiedliche Bereiche des Motivationsgeschehens fokussieren. Aber eines ist in den Lehrbüchern fast immer gleich: Die Motivationstheorie von Abraham Maslow, die im Wesentlichen 1943 und in Fortführung dann 1954 entwickelt wurde, ist der Beginn der Auseinandersetzung mit jeglichen Fragen der Motivation (s. Abb. 9.1) (Maslow 1960).

Maslow unterscheidet bekanntermaßen fünf Bedürfnisklassen. Diese werden in der Literatur, gerade bei Übersetzungen, durchaus etwas unterschiedlich benannt.

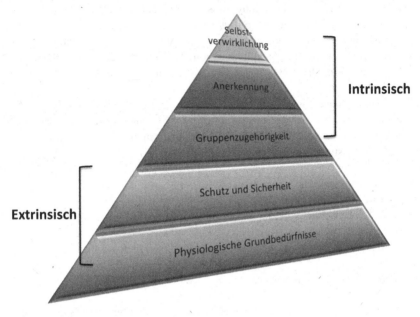

Abb. 9.1 Maslowsche Bedürfnispyramide. (Eigene Darstellung)

Hier werden nachfolgend die populären Bezeichnungen von Douglas McGregor (1960) genutzt. Er hat seine Erkenntnisse zur Motivation von Menschen mit Bezug auf sein wissenschaftliches Fundament, die Phänomenologie und den Existenzialismus, formuliert. Erfahrungswissen, das er u. a. durch zahleiche tiefgehende Interviews reichhaltig besaß, war ihm für seine existenzielle Psychologie wichtiger als abstrakte Kategorisierung. Dies wirkt sich auf die gefundenen Klassenbezeichnungen (physiologische Bedürfnisse, Selbstverwirklichung) wie auf die dahinterliegenden Klasseninhalte aus (s. Tab. 9.3).

Ein erstes Fazit lautet: Für die Motivation gibt es Prinzipien, die für alle Mitarbeiter*innen gelten. Es ist hilfreich, vor allem auf intrinsische Motivation zu setzen, denn hier steht die Arbeit an sich im Mittelpunkt. Mit extrinsischer Motivation gilt es vorsichtig umzugehen, denn sie kann als Manipulation verstanden werden und verpufft sehr schnell. Es ist vor diesem Hintergrund sinnvoll und zielführend auf die Bedürfnisse der Mitarbeiter*innen zu schauen und diese – so es geht – zu berücksichtigen (s. Tab. 9.4).

Tab. 9.3 Mitarbeiter*innenbedürfnisse und deren Befriedigung

Bedürfnisse der Mitarbeiter	Mittel zur Befriedigung
Physiologische Bedürfnisse Hunger, Durst, Schlaf	ausreichende Bezahlung, gesunder Arbeitsplatz
Sicherheitsbedürfnisse Geborgenheit und Schutz	sicherer Arbeitsplatz, Altersversorgung, Kündigungsschutz
Soziale Bedürfnisse Zugehörigkeit, Freundschaft	Teamarbeit, Kommunikation
Wertschätzung Anerkennung und Status	Statussymbole, Bezahlung, Lob
Selbstverwirklichung Entfaltung der Persönlichkeit	Mitbestimmung, Einfluss, Freizeit

Tab. 9.4 Was Generationen motiviert

	Babyboomer	Generation X	Generation Y	Generation Z
Wird motiviert durch	Respekt und das Gefühl, gebraucht zu werden	Wertschätzung des Erfahrungswissens, Flexibilität, Selbstständigkeit	Freiheit und Unabhängigkeit, Flexibilität, Mitbestimmung	viele Interessante Chancen, gleiche Augenhöhe, viel Aufmerksamkeit
Verständnis	Ich bin Teil der Gemeinschaft, aber Abstand ist gut.	Ich verwirkliche meinen Traum – jetzt erst recht.	Ich sorge für Ausgewogenheit von Arbeit und Leben. Es ist mir wichtig, etwas Sinnvolles zu tun.	Nachhaltigkeit und Umweltbewusstsein ist mir wichtig. Ich bin für alle da – schau aber auch auf mich.
Loyalität zu…	Organisation/ Abteilung	Team und unmittelbaren Mitarbeitern	sich selbst, zu Freunden	sich selbst, aber auch zu Freunden und zur Gemeinschaft
Kontakt	persönliche Kommunikation im Dialog	persönlich und schriftlich, lieber ordentlich als schnell	kurzfristig, unmittelbar, schnell	spontan, direkt, persönlich oder elektronisch
Feedback	nur bei Anlass Kritik, Lob ist verdächtig	regelmäßig positiv und negativ – begründet, klar	möglichst oft und möglichst positiv	spontan, direkt und transparent nicht konfrontativ
Was wirklich stört	als alt und/oder langsam bezeichnet zu werden, keine Weiterbildung, zu viel Veränderung	zu wenig Aner-kennung als Leistungsträger, zu wenig Selbstständigkeit, zu viel Veränderung	zu wenig Aufmerksamkeit, keine Unter-stützung, keine Chancen, an coolen Aufgaben beteiligt zu werden, keine Veränderung	zu wenig Aufmerksamkeit, von oben herab, negative Kritik, zu viel Verantwortung keine Innovation, Ratschläge im privaten Bereich

9.2 Mitarbeiter*innengespräche als tragende Säule – oder: Wir müssen reden …

„Wie gut das tat", dachte Schlosser.

Er hatte angefangen, regelmäßig Gespräche mit den Mitarbeiterinnen der Praxis zu führen. Dabei hatte er sich vorab immer mit Müller abgestimmt, damit ihre Wirkung einheitlich und abgesprochen rüberkam. Anfangs hatten Biggi und die anderen Mitarbeiterinnen gedacht, dass das wieder nur so eine Modeerscheinung sein würde, die mit viel Tamtam in einer Teamsitzung angekündigt und dann doch nie umgesetzt werden würde. Da hatten sie sich geirrt.

Zu Beginn dieser Gespräche waren Schlosser und Müller unsicher, ob der Wirkung und des Vorgehens. Zudem ging es „früher" ja auch ohne. Heute aber, auch durch die jüngeren Mitarbeiterinnen forciert, waren Gespräche ein, wenn nicht sogar das wichtigste Instrument, das Müller und Schlosser einsetzen konnten. Schlosser war bereit, die Gespräche zu führen, zumal er ja auch die Zukunft der Praxis sein würde, während Müller sich mit dem anstehenden Abschied beschäftigen konnte. Hatte er sich auch verdient.

Die Berater*innen hatten Schlosser mit sachlichen Inhalten, aber vor allem mit praktischen Übungen auf den Tag der ersten Gespräche vorbereitet. Schlosser fühlte sich gut. Er wusste zudem, dass er seinen Coach jederzeit kontaktieren konnte, wenn er sich unsicher fühlen sollte oder einfach mal über die neuen Erfahrungen quatschen wollte. In einem Workshop, an dem die Mitarbeiterinnen ohne ihn und Müller teilnahmen, hatten die Berater*innen herausgearbeitet, woran diese nachhaltig erkennen würden, dass sich die Wertschätzung und die Kommunikation verbessert hätten. Dabei wurde deutlich, dass die Dinge, die schon gut funktionierten, wie Urlaub am Geburtstag, Obst- und Wasserangebot, problemlose Urlaubsplanung, Praxisveranstaltungen wie das Sommerfest, Gutscheine zum Geburtstag etc. beibehalten werden sollten. Zur Wertschätzung gehörten aus Sicht der Mitarbeiterinnen außerdem: Der Ton macht die Musik, eine passende Wortwahl, Zeit für Gespräche und Austausch, schlechte Laune nicht an Mitarbeiterinnen auszulassen, Uneinigkeit der Praxisleitung, der Umgang der Mitarbeiterinnen untereinander sowie keine Angst haben zu müssen, wenn man mal Fehler machte. So weit, so gut.

Zusammengefasst ließ sich festhalten: Die Mitarbeiterinnen wünschten sich also mehr Zeit für Gespräche und Austausch, einen respektvollen Ton und Gleichbehandlung aller Kolleginnen durch Müller und Schlosser. Dieses Ergebnis hatte gesessen.

Zunächst fragten sich Müller und er: „Was wollen die – damit waren die Mitarbeiterinnen gemeint – denn noch alles?"

Doch dann überlegten sie gemeinsam mit Ihren Berater*innen, wie es zu dieser Sichtweise kam und was an ihr gut bzw. hilfreich sein könnte. Müller und Schlosser erkannten, dass an ihrer spontanen Zurückweisung nichts hilfreich war, und so entschlossen sie sich, auf ihre Mitarbeiterinnen im Gespräch zuzugehen, um zu erkunden, wie es zukünftig für alle Beteiligten besser gehen könnte.

Mitarbeiter*innengespräche sind keine einfache Sache, zumal die Inhaber*innen von Praxen diese meist nicht erlernt haben, sind sie doch kein Bestandteil der (zahn-)medizinischen Ausbildung. Klar duzt man sich. Man spricht auch miteinander. Doch es gibt eine recht große Zahl von Praxisinhaber*innen – das zeigte sich in 32 Jahren Beratung –, die Mitarbeiter*innengespräche gern vertagen, unsicher sind, wann und wie diese erfolgen können, sich in den Gesprächen verteidigen, Mitarbeiter*innen angreifen oder nicht ernstnehmen. In der Beratungspraxis stellte ein Praxisinhaber die Frage, ob es nicht devot rüberkäme, wenn er seine Mitarbeiterin fragt, woran diese ein gutes Gespräch erkennt und er sich vorher für deren Kommen bedankt. Die gute Nachricht ist, dass es keine richtigen oder falschen Mitarbeiter*innengespräche gibt. Jedoch gibt es solche, die aus Sicht der Beteiligten gut bzw. weniger gut funktionieren.

Aus der Beratungserfahrung kann abgeleitet werden:

- Das Mitarbeiter*innengespräch ist die wichtigste, effektivste und sinnvollste Methode zur Führung und Motivation der Mitarbeiter*innen.
- Es benötigt aber zugleich das kostbarste und knappste Gut, das eine Führungskraft einbringen kann: Zeit.
- Ein gut vorbereitetes, passend durchgeführtes und regelmäßiges Gespräch ist daher eine lohnende Investition.

Als Praxisinhaber*in bzw. als Informierende*r macht es Sinn, darauf zu achten, dass die Informationen, die gegeben werden, bestimmten Anforderungen genügen, damit sie ihre Wirkung entfalten können. Wichtig ist zum Beispiel:

- Die Informationen müssen wahr sein.
- Die Informationen müssen auf das Wesentliche beschränkt sein.
- Die Informationen müssen kontinuierlich gegeben werden.
- Die Informationen müssen für die*den Empfänger*in einen Nutzen haben.
- Die Informationen müssen umfassend sein.
- Die Informationen müssen vollständig sein.
- Die Informationen müssen rechtzeitig übermittelt werden.
- Die Informationen müssen verständlich sein.
- Die Informationen müssen auf dem richtigen Weg übermittelt werden.

Was macht gut funktionierende Mitarbeiter*innengespräche aus? Praxisinhaber*innen, die ihren Mitarbeiter*innen zeigen wollen, dass sie ihnen wichtig sind, berücksichtigen – beabsichtigt oder nicht – immer eine oder mehrere der folgenden Verhaltensweisen:

- Sie reden nicht selbst.
- Sie nehmen ihrem Gegenüber die Anspannung.
- Sie zeigen, dass sie zuhören wollen.
- Sie halten Ablenkungen fern.
- Sie stellen sich auf ihr Gegenüber ein.
- Sie üben sich in Geduld.
- Sie beherrschen sich.
- Sie lassen sich durch Vorwürfe und Kritik nicht aus dem Gleichgewicht bringen.
- Sie stellen Fragen.
- Und sie denken daran, nicht selbst zu reden, denn dann können sie nicht zuhören.

Gespräche werden natürlich vom Verhalten der Gesprächsführenden beeinflusst, dennoch gibt es auch andere Faktoren, die ein Gespräch beeinflussen, gewollt oder nicht:

- der Inhalt des Gespräches,
- die äußeren Faktoren des Gespräches,
- der Gesprächsstil,
- das Verhalten als Vorgesetzte*r,
- das Verhalten der Mitarbeiterin*des Mitarbeiters.

Der Gesprächserfolg ist auch immer von guter Vorbereitung abhängig. Selten funktioniert es, eben mal zu sprechen. Eine ungestörte Durchführung ist eine conditio sine qua non. Erfolg braucht auch konsequentes Nachbereiten. Regelmäßigkeit sorgt dafür, dass Gespräche nicht nur mäßig sind.

Praxisinhaber*innen, die erfolgreich in ihre Mitarbeiter*innen investieren, berichten, dass sie einige organisatorische Dinge mal mehr mal weniger befolgen. Hier eine Liste hilfreicher Vorbereitungsschritte:

- Wenn bisher keine (vorbereiteten) Mitarbeiter*innengespräche geführt wurden, dies jetzt aber anders werden soll, ist es sehr wichtig, die Mitarbeiter*innen darüber zu informieren, warum das geschehen soll. Es ist hilfreich zu bedenken, dass jede Veränderung der Führung die Mitarbeiter*innen zuerst verunsichert. Die hinterfragen nämlich den Grund. Deshalb gilt: sich Zeit nehmen, sich mitteilen und sagen, weshalb man denkt, dass dies eine gute Idee ist.

- Ein Mitarbeiter*innengespräch ist freiwillig, daher sind Einladungen sinnvoll. Einladungen, die verdeutlichen, wozu eingeladen wird, z. B. um sich damit zu befassen, was Mitarbeiter*innen brauchen.
- Man tut auch gut daran, den inhaltlichen und zeitlichen Rahmen zu klären.
- Auf einen angenehmen, räumlichen Rahmen ist zu achten.
- Zwischen den Gesprächsteilnehmer*innen sollte, wenn möglich, kein Tisch stehen.
- Es ist dafür zu sorgen, dass nicht gestört wird (z. B. durch Anrufe). Unumgehbare Störungen sind im Vorfeld anzukündigen.
- Eine angenehme Gesprächsatmosphäre zu schaffen, ist immer sinnvoll und förderlich. Dabei gilt: hart in der Sache, fair mit den Menschen.
- Es hilfreich, die Checkliste in Abb. 9.2 zu nutzen. Diese hilft, sich auf die bevorstehenden Fragen einzustimmen.

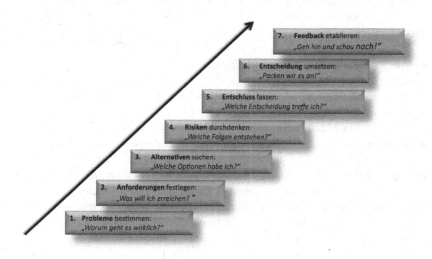

Abb. 9.2 Fragen zur Vorbereitung von Mitarbeiter*innengesprächen

In der Beratungspraxis hat sich gezeigt, dass es wiederkehrende Gesprächs-typen gibt, die ein „Praxisleben" begleiten. Sich auf diese einzustellen und vorzubereiten, erhöht die eigenen Erfolge. Folgende Gesprächstypen zählen dazu:

- Zielvereinbarungsgespräch,
- Feedbackgespräch,
- Kritikgespräch,
- Gehaltsgespräch,
- Einstellungsgespräch,
- Entlassungsgespräch,
- Gespräch zu heiklen Themen (z. B. Körpergeruch).

Die Erfolgsaussichten eines Gesprächs erhöhen sich schlagartig, wenn das Gesprächsziel klar ist. Daher macht es Sinn, sich zu fragen, worum es in dem Gespräch überhaupt gehen soll. Des Weiteren hilft es, zu wissen, was man in dem anstehenden Gespräch erreichen will, um sich dann zu fragen, welche Optionen für die Zielerreichung bestehen. Dann erst trifft man eine Entscheidung und setzt diese im Gespräch um.

Gute Kommunikation ist eine, die bei den Mitarbeiter*innen ankommt. Sie folgt einigen Regeln, die auch erfolgreiche Führungskräfte nutzen. Diese wissen, dass

- jede*r für sich selbst verantwortlich ist,
- innere Störungen Vorrang haben,
- sie nicht nur ihre Sachaussage, sondern auch ihre Körpersprache beachten,
- sie sich nicht hinter anderen verstecken,
- sie z. B. einer Mitarbeiterin zu verstehen geben, wie sie auf sie wirkt, und
- sie offen bleiben, wenn Mitarbeiter*innen ihre Reaktionen auf sie mitteilen.

Erfolgreiche Praxisinhaber*innen nutzen die Technik des aktiven Zuhörens, um so Wertschätzung, Empathie und Verständnis für die Mitarbeiter*innen aufzubauen. Manchmal genügt es nicht, nur zuzuhören. Der*die Mitarbeiter*in muss das Zuhören auch erleben. Dabei können folgende kleine Verhaltensmodifikationen helfen:

- anteilnehmende Bemerkungen machen,
- nicht unterbrechen,
- die wichtigsten Aussagen notieren,
- die „Genehmigung" für Notizen einholen,

- Interesse durch Gestik und Mimik zeigen,
- bei Unklarheiten nachfragen,
- wesentliche und wichtige Aussagen wiederholen.

Wertschätzung lebt – wie oben schon ausgeführt (Kap. 8) – von der Anerkennung, die ihr innewohnt. Wertschätzung bezeichnet die positive Bewertung eines anderen Menschen. Sie gründet auf einer inneren allgemeinen Haltung anderen gegenüber. Wertschätzung betrifft einen Menschen als Ganzes, sein Wesen. Sie ist eher unabhängig von Taten oder Leistung, auch wenn solche die subjektive Einschätzung über eine Person und damit die Wertschätzung beeinflussen.

Wertschätzung ist verbunden mit Respekt und Wohlwollen und drückt sich aus in Zugewandtheit, Interesse, Aufmerksamkeit und Freundlichkeit. Menschen, denen Wertschätzung zuteilwird, fühlen sich respektiert und angenommen. Weitere förderliche Mittel sind das Lob, die unmittelbare Anerkennung und Wertschätzung eines Mitarbeiters oder einer Mitarbeiterin durch die Praxisleitung. Lob entfaltet seine Wirkung nicht einfach so, sondern es kann hilfreich sein, wenn folgende Faktoren berücksichtigt werden:

- Lob immer persönlich überbringen,
- möglichst unter vier Augen loben,
- nicht zu oft loben,
- ehrlich loben,
- kein Pauschallob verteilen,
- Lob möglichst umgehend aussprechen,
- Lob nicht mit Kritik vermischen.

Handlungsfelder des Generationenmanagements, um Wertschätzung und Zusammenarbeit zu fördern, sind:

- verhaltensverändernde Mitarbeiter*innenführung etablieren,
- Gesundheitsmanagement (Seminare, Workshops etc.),
- Arbeitsplatzgestaltung und Ergonomie,
- Rotation bzw. Belastungswechsel,
- „lebenslanges Lernen" ggf. in generationenspezifischen Formaten.

9.3 Wissenstransfer als Aufgabe des Generationenmanagements – oder: Kann die denn gar nichts allein?

„Das war ja klar, dass sie die Einarbeitung auch noch machen sollten", dachten sich Biggi, Monika und Heidi damals, als „die Neue" – Hanna – dazukam.

Gemeint war, dass Müller erwartete, dass Hanna schnell lernen sollte, um alle anderen Mitarbeiterinnen zu entlasten. Heidi konnte sich noch gut erinnern, dass Hanna anfangs eigentlich nur im Wege rumstand und bei der Arbeit störte.

„Die stellt sich aber auch dumm an", dachte nicht nur Heidi.

Hanna konnte von Glück sagen, dass es damals eigentlich keine weitere, ernst zu nehmende Bewerbung in der Praxis gab und man am Ende froh war, sie gewonnen und gebunden zu haben. Aber man musste ihr alles, wirklich alles erklären. Ja, sie war und ist nett, zum Glück, sonst wäre es ja noch schlimmer gewesen. Hanna war und ist auch heute stets interessiert, sie konnte Heidi aber Löcher in den Bauch fragen. Auch wenn Hanna eine Nette ist, war es schon nervig, sie im Schlepptau zu haben. Sie konnte einfach nichts allein, es sei denn, auf dem Klo nach dem Rechten zu schauen oder andere durchaus wichtige Sachen, die Heidi und ihren Kolleginnen lästig waren. Damals war nichts, aber auch gar nichts aufgeschrieben. Wissen wurde durch Begleitung, Abgucken, Lob und oft Schimpfen weitergegeben und aufgebaut. Einarbeitung war wichtig, nur wenn die gut klappte, gab es auch Entlastung.

*Sie hatten schon bei der zuständigen KZV gehört, dass Qualitätsmanagement jetzt in alle Praxen gehöre und seit 2006 gesetzlich vorgeschrieben war. Aber in der Praxis war man sich damals sicher, dass es einen Einarbeitungsplan, Dokumentationen von Arbeitsprozessen oder Arbeitsanweisungen nicht bräuchte. Man sei ja nicht auf den Kopf gefallen und schaffe jeden Tag Qualität, was zufriedene Patient*innen bestätigten. Es war Marie, neben Hanna die zweite Neue, die nebenbei nach dem Handbuch der Praxis fragte.*

„Handbuch, was für ein Handbuch?", fragte Biggi damals nach und fühlte sich in ihrer Ehre gekränkt.

Schließlich gab es das zu ihrer Zeit auch nicht, da musste man aufmerksam sein, mitlaufen, nicht nerven u. Ä. m.

Doch heute gibt es ein Qualitätsmanagementhandbuch. Biggi war besonders stolz auf die Fotos der Trays, mit deren Hilfe jede Mitarbeiterin in der Praxis in die Lage versetzt wurde, die Behandlungszimmer so vorzubereiten, wie der jeweilige Behandler es schätzte. Das war gut. Das war sehr gut. Biggi genoss es auch, dass der Prozess für Beschwerdegespräche, die es leider Gottes immer mal gab, dokumentiert war und entsprechend trainiert worden war und werden konnte. Die „Handschrift" der Praxis war so gut erkennbar. Die Patienten und Patientinnen waren zufrieden, die Inhaber erfolgreich und die Kolleginnen erfuhren echte Hilfe und Unterstützung. Es tat sehr gut, zu wissen, dass man einer jungen Kollegin sagen konnte, sie möge zunächst mal im Managementhandbuch nachlesen, dann ihre Fragen stellen und dann mal selbst auszuprobieren. Marie fand das damals sehr gut.

Heute, wenn Biggi mit Schlosser zusammen über die Möglichkeiten der Digitalisierung sprach, war Marie oft mit von der Partie. Biggi hatte viel von Marie gelernt. Heute waren sie kurz davor, die Praxis nahezu komplett digitalisiert zu führen bzw. zu organisieren. Papierlos. Nachhaltig. Erfolgreich.

Bis 2030 gehen die meisten Mitarbeiter*innen und Heilberufler*innen aus der Generation der Babyboomer in Rente und nehmen einen großen Wissensschatz, umfassende Kompetenzen, jahrzehntelange Erfahrungen und wertvolle Kontakte mit. Arzt- und Zahnarztpraxen tun gut daran, dafür zu sorgen, dass dies der Praxis trotz deren Ausscheiden nicht verloren geht, sondern für die nächsten Generationen gesichert wird. Umgekehrt bringen neue Mitarbeiter*innen und Heilberufler*innen aktuelles Fachwissen, neue Kompetenzen und moderne Herangehensweisen mit, die für erfahrene Kolleg*innen interessant und hilfreich sein können.

Intergenerativer Wissenstransfer ist der Austausch von Wissen, Erfahrungen und Kontakten zwischen mehreren Generationen innerhalb einer Arzt- oder Zahnarztpraxis. Er fördert die Zusammenarbeit zwischen jüngeren und älteren Kolleg*innen, ermöglicht eine Verbreitung und Bewahrung von wichtigen Informationen und Fähigkeiten. Durch den gegenseitigen Austausch von Wissen können Kolleg*innen voneinander und miteinander lernen, sich intern, in der Praxis, gegenseitig weiterbilden. Die älteren Kolleg*innen lernen von den jüngeren neuestes Ausbildungs- und Hochschulwissen und die jüngeren profitieren vom Erfahrungsschatz und praxistypischen Know-how der Älteren. Dieses direkte Miteinander hat neben der Bewahrung von Fähigkeiten und Können für die Praxis zusätzliche Vorteile. Dadurch können sich neue Mitarbeiter*innen und Heilberufler*innen schneller einarbeiten und fühlen sich frühzeitig integriert, die älteren fühlen sich gebraucht und wertgeschätzt. Eine gute Kooperation der Generationen in Sachen Wissenstransfer kann vor Angst, Neid und Konkurrenzdenken schützen und Generationenkonflikten in der Praxis vorbeugen (Kap. 4).

Wichtig für einen guten Wissenstransfer ist die Motivation der Mitarbeiter*innen und Heilberufler*innen. Im Umgang mit Informationen zeigen sich deutliche Unterschiede zwischen den Generationen, die u. a. mit der fortschreitenden Digitalisierung in Zusammenhang stehen. Die Nachkriegsgeneration sowie die Babyboomer mussten sich zu Beginn ihrer Berufstätigkeit Wissen noch mühsam zusammensuchen, in ihrem Gehirn abspeichern und bei Bedarf abrufen.

In Zeiten von zahlreichen Konkurrent*innen war Wissensvorsprung ein entscheidender Wettbewerbsvorteil. Die Generation X lernte schon früher, relevante Informationen im Internet zu finden, mithilfe von Google und Wikipedia. Die beiden jüngeren Generationen wissen vor allem, wo etwas steht, sind es gewohnt, mit großen Informationsmengen umzugehen und schnell relevante von nicht relevanten Informationen zu unterscheiden. Für sie haben Informationen und Wissen keinen so hohen Stellenwert mehr wie für die älteren Generationen. Beim intergenerativen Wissenstransfer ist es daher wichtig, einerseits die älteren Generationen dazu zu motivieren, ihr Wissen mit den nachfolgenden Generationen zu teilen und gleichzeitig die jüngeren darin zu bestärken, dieses Teilhaben und Wissenlassen wertzuschätzen.

Wissen umfasst formales Fachwissen, das durch ein systematisches Wissensmanagementsystem und eine umfassende digitale Dokumentierung in der Praxis gehalten werden kann. Es umfasst aber auch implizites Wissen, individuelle und informelle praxistypische Erfahrungen von Heilberufler*innen und Mitarbeiter*innen, das mit zunehmenden Berufsjahren und wachsender Betriebszugehörigkeit stetig wächst. Es kann nicht so ohne Weiteres in der Praxis digitalisiert und abgespeichert werden, sondern wird besser persönlich übertragen, von ausscheidenden Kolleg*innen auf Nachfolger*innen. Die persönliche Übertragung gehört damit zum Offboarding und Onboarding, also zu Ausstieg und Einarbeitung von Mitarbeiter*innen. Es macht Sinn, dass Prozessdokumentation ein zentraler Bestandteil eines umfassenden Offboarding-Prozesses wird, damit das Wissen, die Erfahrungen und die Kontakte in das Wissensmanagementsystem übertragen werden (Abschn. 9.6). Damit wird sie gleichzeitig ein wichtiger Teil des Onboarding-Prozesses, sodass ein unmittelbarer Zugang zu all diesen Informationen geschaffen wird (Abschn. 9.5).

Ingenerativer Wissenstransfer, also die Übergabe von Wissen, Erfahrungen und Kontakten an die nächsten Generationen, sollte rechtzeitig geschehen, bevor ein*e Mitarbeiter*in aus der Praxis ausscheidet. Neben der persönlichen Übergabe an eine nachfolgende Person auf dieser Stelle bzw. diesem Sitz wird ein Wissensmanagementsystem bereits eingespeist, während die*der Mitarbeiter*in noch aktiv in der Praxis tätig ist. Zugleich ist es für alle Kolleg*innen zugänglich, für die es nützlich sein könnte. Wird ein solches System kontinuierlich gepflegt, stellt dies sicher, dass Wissen auch dann nicht verloren geht, wenn die Stelle bzw. der Kassensitz nicht (sofort) neu besetzt wird, sich Vorgänger*in und Nachfolger*in also gar nicht begegnen oder die Stelle nach dem Weggang einer*eines Mitarbeiters*Mitarbeiterin wegfällt.

Für gezielten und persönlichen Wissenstransfer im Falle des Ausscheidens ist es wichtig, das relevante Wissen und die beteiligten Personen rechtzeitig zu identifizieren, also frühzeitig zu überlegen, welches Wissen wie festgehalten werden sollte und auf welche in der Praxis verbleibende oder neu hinzugekommene Person Kompetenzen übertragen werden sollen. Idealerweise werden neben scheidenden Mitarbeiter*innen und Nachfolger*innen noch weitere Personen in den Wissenstransferprozess einbezogen, z. B. eng kooperierende Kolleg*innen desselben Teams oder als Bindeglied Vorgesetzte bzw., falls vorhanden, interne Prozessmanager*innen oder externe Moderator*innen.

Weitere Erfolgsfaktoren eines gelungenen Wissenstransfers in der Praxis sind:

- positive Einstellung zur Altersvielfalt,
- Anerkennung der aktiven Wissensvermittlung durch Vorgesetzte,
- positive Beurteilung des eigenen Wissens und der eignen Kompetenz,
- Transparenz der Expertise der*des anderen,
- klare Ziele für Wissenstransfer,
- positives Gruppenklima,
- feste Formen des Austausches,
- komplexe Aufgaben, bei denen die Notwendigkeit für Zusammenwirken spürbar ist (s. Tab. 9.5).

Tab. 9.5 Wissenstransfer und worauf es in der Führung ankommt

	Erfolgsfaktoren	Führungstools
Persönliche Merkmale	Einstellung des einzelnen zu Altersvielfalt und –unterschleden, persönliche Motive und Ziele, Eigene Kompetenzzuschreibung	Information, Training und Schulung zu Diversität, Betonung der Bedeutung von Wissen als gemeinschaftlichem Gut, direkte Rückmeldung an den Einzelnen bezüglich seiner Kompetenzen und Entwicklungsfelder
Gruppenmerkmale	Wissen um Expertise anderer, Teamklima, Klarheit über Ziele des Wissensaustausches	Förderung des persönlichen Austauschs darüber, wer welches Wissen hat (Aufbau von Datenbanken), Diskussion der gemeinsamen Ziele, Förderung von Erfahrungslernen, Fehlertoleranz fördern, Vorgabe klarer Ziele, aktiv Lösungsprozesse aufzeigen
Aufgabenmerkmale	Zeit und Raum, Aufgabenkomplexität und Grad der gegenseitigen Abhängigkeit	Schaffung von räumlicher Nähe und Unterstützung von Flexibilität, Prioritäten setzen (und dadurch mit Zeitressourcen bewusst umgehen), Förderung/Bewusst-machung, dass Alt und Jung aufeinander angewiesen sind

9.4   Lebenslanges Lernen – oder: Man lernt nie aus

„Wo hatten sie das nochmal aufgeschrieben?"

Diese Frage beschäftigte Lisa, schließlich war sie Hanna und Marie noch eine Antwort schuldig. Beide wollten eine Fortbildung besuchen, die sie zu Dentalhygienikerinnen werden lassen würde. Seit Müller und Schlosser klar war, dass es besser ist, in die Qualifikation von Mitarbeiter*innen zu investieren, taten sie das auch. Früher wäre es noch so gewesen, dass Biggi und ihre Kolleginnen Urlaubstage und eine Kostenbeteiligung hätten akzeptieren müssen. Heute war das anders. Heute waren Müller und Schlosser froh, wenn sich ihre Mitarbeiterinnen qualifizieren wollten und sie sie dabei unterstützen konnten. Das bedeutete weder Urlaubstage noch Kostenbeteiligung für die Mitarbeiterinnen. Lebenslanges Lernen wurde auch durch die Teamsitzungen organisiert oder durch das Qualitätsmanagementhandbuch der Praxis.

Besonders beliebt waren die sogenannten Klausuren, die Müller und Schlosser zweimal im Jahr für ihre Mitarbeiterinnen und sich selbst abhielten. Es gab stets eine angenehme Location, ein ansprechendes Rahmenprogramm und qualitativ hochwertige Schulungen bzw. Trainings. Das letzte Mal waren sie alle in ein Waldhotel gefahren – damals gab es noch keine Reisewarnungen wegen Corona – und hatten sich in einem Workshop mit Beschwerdegesprächen beschäftigt. Klar, sie alle hatten jede Menge Erfahrung im Umgang mit solchen Themen. Dennoch war es hilfreich, sich abzustimmen, gemeinsam zu trainieren, und sie nahmen auch noch hilfreiche Tipps mit, die ihnen den Praxisalltag erleichtern würden. Sie profitierten davon, dass sie sich begleiten ließen und ihre Workshopleitung sich auskannte. Besonders schön fanden sie, dass die Workshopleitung aus einem Mann und einer Frau bestand, denn beim Lernen, Trainieren und Anwenden gibt es Unterschiede, die einen Unterschied machen.

Lebenslanges Lernen bedeutet lebensbegleitende Weiterbildung, die der Verbesserung von Wissen, Qualifikation und Kompetenzen dient. Es ermöglicht, mit den Entwicklungen in sämtlichen Branchen Schritt zu halten, das Selbstbewusstsein zu stärken und sich die persönliche Anpassungsfähigkeit gegenüber permanenten Veränderungen zu erhalten. Es kann dazu dienen, vorhandene Wissenslücken zu schließen, sich modernes Wissen anzueignen, mit dem technischen Fortschritt durch Digitalisierung Schritt zu halten, sich veränderten Arbeitsbedingungen und Anforderungen des Arbeitsmarktes anzupassen und sich neue Aufgabenbereiche zu erschließen.

Die umfassende Digitalisierung der Arbeitswelt führt dazu, dass der Bedarf nach einfacher Tätigkeit zunehmend sinkt und sich gleichzeitig das Umfeld so rasant verändert, dass immer wieder Neues gelernt werden muss, um mitgestalten zu können. In den wenigsten Berufen reicht es heutzutage, einmal eine Ausbildung abzuschließen. Durch den permanenten Wandel unserer Gesellschaft verändern sich vielmehr ständig die Anforderungen, die eine berufliche Tätigkeit stellt. Anpassungsfähigkeit und der Wille zur Weiterentwicklung sowie die Fähigkeit, sich immer wieder Neues anzueignen, werden deshalb zunehmend wichtiger. Dies betrifft grundsätzlich sämtliche Generationen, besonders gut erkannt haben dies die beiden jüngsten Generationen Y und Z. Ihnen ist bewusst, wie flexibel Arbeitsverhältnisse heutzutage sind und wie wichtig es daher ist, als Individuum stets für den Arbeitsmarkt attraktiv zu bleiben. Daher bedeuten für die beiden jüngsten Generationen Fortbildungsmöglichkeiten einen zentralen Mehrwert bei der Wahl des Arbeitsplatzes. Aber auch für die älteren Generationen ist Fortbildung relevant, um bei den immer schnelleren technischen Entwicklungen auf dem Laufenden zu bleiben, um aktiv mitgestalten zu können und nicht zuletzt auch, um den eigenen Marktwert zu steigern und sich damit mehr berufliche Möglichkeiten zu eröffnen.

Für Praxisinhaber*innen gilt lebenslanges Lernen als zentrale Komponente der Mitarbeiter*innenentwicklung. Es lohnt sich aus mehreren Gründen, den Mitarbeiter*innen Fortbildungen zu ermöglichen: Ein solches Angebot erhöht die Arbeitgeberattraktivität für Bewerber*innen jeden Alters, vor allem für jüngere, und es steigert das Engagement und die Motivation der vorhandenen Belegschaft. Lebenslanges Lernen ermöglicht außerdem Qualitätssteigerung und -sicherung. Lernen Mitarbeiter*innen ständig persönlich weiter, dann sind sie anpassungsfähig und flexibel und die Praxis bleibt modern und wettbewerbsfähig. Fortbildungsmöglichkeiten führen außerdem zu einer umfassenden Mitarbeiter*innenbindung. So können Zuschüsse zu Fortbildungen mit der Bedingung verknüpft werden, für beispielsweise noch zwei Jahre in der Praxis zu bleiben. Und die konkrete Aussicht auf weitere zukünftige Weiterbildungsmöglichkeiten kann eine*n Mitarbeiter*in für längere Zeit an die Praxis binden.

9.5   Recruiting und Onboarding – oder: Die Generation Z gewinnen

*Mitarbeiter*innen waren dieser Tage mehr als gesucht und es würde noch schlimmer werden, wenn man den Zahlen der KZBV (Kassenzahnärztliche Bundesvereinigung) und der zm (Zeitschrift. Zahnärztliche Mitteilungen) Glauben schenken wollte. Da Biggi es wirklich ernst meinte mit ihrem „Kürzertreten", konnten Müller und Schlosser die Uhr danach stellen, dass sie eine*n neue*n Mitarbeiter*in suchen, finden* *und binden müssten. Zum Glück hatten sie damals, bevor Marie zu ihnen gekommen war, ihre Recruiting-Strategie schon verbessert und im Vergleich zu vielen Kollegen und Kolleginnen innovativ und mitarbeiter*innenorientiert weiterentwickelt. In gemeinsamen Gesprächen mit ihrem Beratungsteam hatten vor allem Schlosser, aber auch Müller an ihrem Image als Arbeitgeber gearbeitet. Als „Marke" sahen sie sich nicht, aber einige Punkte waren für sie interessant und sie sahen ein, dass es die Mühe wert sein könnte, sich mit den Einflussfaktoren auf ihr Arbeitgeberimage zu beschäftigen und diese ggf. anzupassen. Folgende Punkte waren für sie wichtig:*

- *Identität und Werte der Zahnarztpraxis Müller & Schlosser,*
- *Werthaltigkeit und Attraktivität ihrer Arbeit und Dienstleistungen,*
- *Stärken der Praxis als Arbeitgeber (z. B. Gehalt, Kultur, Attraktivität der Deinstleistungen, Karrieremöglichkeiten usw.),*
- *Bedürfnisse und Anforderungen potenzieller Mitarbeiter*innen (z. B. Gehalt, Kultur, Attraktivität der Dienstleistungen, Karrieremöglichkeiten usw.)*
- *Integrität ihres Images (kommunizierte, aber nicht vorhandene Eigenschaften oder Leistungen können Zweifel an der Integrität bewirken),*
- *Stärken der Wettbewerber*innen im Arbeitsmarkt,*
- *aktuelles Image der Praxis als Arbeitgeber.*

Schlosser und Müller wollten die Erwartungen möglicher Bewerber*innen erfüllen, am liebsten übertreffen. Da die Erwartungen je nach Perspektive einem steten Wandel unterliegen, besannen sich die Praxisinhaber darauf, sich auf Werte wie Arbeitsplatzsicherheit, Praxis- und Konfliktkultur, Gesundheitsmanagement, Teamarbeit und Weiterbildungsmöglichkeiten zu fokussieren, weil sie fest daran glaubten, dass diese für zukünftige Bewerber*innen eine große Relevanz haben würden.

9.5.1 Recruiting

Unter Recruiting lassen sich alle Belange der Personalbeschaffung einer Arzt- und Zahnarztpraxis, von der Personalplanung, zur Stellenausschreibung über die Prüfung eingegangener Bewerbungen, Auswahlverfahren und Vorstellungsgespräche, Auswahl der passenden Kandidat*in und Verhandlung von Anstellungsverträgen zusammenfassen. Auch Schüler*innenpraktika können dazu dienen, zukünftiges Personal frühzeitig kennenzulernen. Ziel von Recruiting ist es, die besten und passendsten Mitarbeiter*innen zu finden. In Zeiten von Fachkräftemangel, gerade auch bei den Heilberufen, ist die Personalbeschaffung zu einem zentralen Erfolgsfaktor von Arzt- und Zahnarztpraxen geworden.

Recruitingmöglichkeiten Recruiting in der Arzt- oder Zahnarztpraxis beginnt mit einer vorausschauenden Personalplanung, sodass etwaiger Personalbedarf frühzeitig erkannt wird. Dadurch können Engpässe vermieden und Übergangszeiten zur gründlichen Übergabe von Fachwissen der scheidenden Kolleg*innen an die Nachfolger*innen gesichert werden (Abschn. 9.3). Für frei werdende Posten oder erkennbaren zusätzlichen Bedarf legt die Praxisinhaber*innen bzw. Personalverantwortlichen Stellenprofile an, die alle erforderlichen und gewünschten Anforderungen zusammenfassen. Sie überlegen, welche attraktiven Möglichkeiten und Perspektiven zukünftigen Mitarbeiter*innen in Aussicht gestellt werden können. Neben einem fast schon als selbstverständlich erwarteten angemessenen Gehalt sind dies für die jüngeren Generationen vor allem Fortbildungsmöglichkeiten. Leere Versprechungen sind hierbei wenig hilfreich, da insbesondere die jüngeren Generationen sehr genau hinschauen und sich auf Arbeitgeber-Bewertungsportalen die Beurteilungen anderer durchlesen.

Aus den Anforderungen und Angeboten wird die Stellenausschreibung formuliert, die intern oder extern genutzt werden kann. Lange Texte werden eher nicht gelesen, sie sollten besser kurz gehalten und optisch ansprechend gestaltet sein. Intern kann die Stellenanzeige gegenüber bereits in der Praxis tätigen Mitarbeiter*innen publik gemacht werden, z. B. im Intranet, im Newsletter, als Aushang oder durch ein persönliches Gespräch. Für die Stelle passende Angestellte können versetzt bzw. befördert werden, oder Mitarbeiter*innen erwerben im Rahmen einer Personalentwicklung durch Fortbildungen die für die ausgeschriebene Stelle erforderlichen Qualifikationen. Extern wird die Stellenausschreibung für die Gewinnung von Neubewerber*innen genutzt.

Klassische Stellenanzeigen in Tageszeitungen und fachlichen Magazinen werden dabei immer weniger relevant; um insbesondere junge Bewerber*innen zu erreichen, ist Online-Recruiting passender. Ohnehin suchen inzwischen Interessent*innen aller Generationen vorwiegend in Onlinejobbörsen wie StepStone oder auch fachlich spezialisierten wie MEDWING (für Personal) oder auf dem Jobportal des Ärzteblattes (für Mediziner*innen). Zusätzlich wird Recruiting in Social Media immer wichtiger, vor allem um junge Bewerber*innen zu erreichen. Kandidat*innen werden hier direkt über Instagram, Facebook, Twitter und Youtube, aber auch in Business-Netzwerken wie LinkedIn und Xing angesprochen, ggf. ergänzt mit Anzeigenschaltung dort oder bei GoogleAds. Social-Media-Posts sind kostenlos und sollten unterhaltsam gestaltet sein, ansprechende authentische Bilder, lebendige kurze Videosequenzen, damit sie vielfach geteilt werden und so eine größere Reichweite erlangen. Für Details kann auf die Karriereseite der eigenen Praxis-Website, den Blog oder Newsletter verwiesen werden. Eine eigene Karriereseite als Teil der Praxis-Website ist eine wichtige und zugleich einfache Möglichkeit, die Arzt- oder

Zahnarztpraxis als attraktive Arbeitgeber*in zu präsentieren und die Aufmerksamkeit von aktiv suchenden Interessent*innen zu gewinnen. Sämtliche offenen Stellen werden dort aktuell gelistet und detailliert beschrieben, typische Fragen werden vorab beantwortet, direkte Onlinebewerbungen und persönlicher Kontakt mit der zuständigen Person ermöglicht.

Hilfreich kann es sein, Social-Media-Auftritte durch junge Mitarbeiter*innen der Praxis gestalten zu lassen, um authentisch und für junge Menschen ansprechend in Erscheinung zu treten. Idealerweise dienen junge Kolleg*innen sogar als Testimonial. Dann treten sie in den Auftritten auf, stellen die Arzt- oder Zahnarztpraxis vor, schildern ihren Praxisalltag, geben persönliche Einblicke in ihr Aufgabenfeld und das Miteinander im Praxisteam.

Die Netzwerke bereits angestellter (junger) Mitarbeiter*innen können genutzt werden, indem sie persönlich gebeten werden, sich im Freundes- und Bekanntenkreis nach Interessent*innen umzusehen, ggf. verstärkt mit der Zusage einer Belohnung im Erfolgsfall.

Auch Headhunter*innen können hinzugezogen werden, um Mediziner*innen, Nachfolger*innen oder Praxismanager*innen zu finden. Sie suchen gezielt im Auftrag der Arzt- oder Zahnarztpraxis, sprechen passende Kandidat*innen aktiv an und übernehmen die Vorauswahl. Aufgrund der Kosten ist dieser Weg vor allem für hochdotierte Führungskräfte und Akademiker*innen passend. Für die Suche von Führungskräften und Akademiker*innen bieten sich außerdem Hochschulbörsen, Karrieremessen und Fachkongresse an. Mit eigenen Ständen präsentieren sich hier (Zahn-)Medizinische Versorgungszentren als attraktive Arbeitgeber*innen und stehen Interessent*innen direkt vor Ort für Fragen zur Verfügung. Weniger zeitlich sowie personell aufwendig sind entsprechende Onlineangebote, Onlinefachtage oder Onlinekarrieremessen (s. Tab. 9.6).

Bewerber*innenmanagement Nach Eingang der Bewerbungen beginnt der Auswahlprozess, angefangen mit der Sichtung und Vorauswahl, gefolgt von Vorstellungsgesprächen und ggf. Probearbeitstagen und endend mit der Unterschrift unter dem Arbeitsvertrag.

Idealerweise vergeht zwischen dem Eingang von Bewerbungen und der Entscheidung für eine Mitarbeiter*in so wenig Zeit wie möglich. Tatsächlich ist dies nicht immer möglich. Umso wichtiger ist es, die Dauer so zu gestalten, dass (vielversprechende) Kandidat*innen gehalten werden, indem sie gut informiert bleiben und nach Möglichkeit eingebunden werden. Belassen Arzt- und Zahnarztpraxen Bewerber*innen über Wochen oder gar Monate im Unklaren darüber, ob ihre Bewerbung überhaupt angekommen ist und sie sich noch im Rennen befindet, dann ist die Gefahr groß, dass sich Kandidat*innen anderweitig umsehen. Und insbesondere

Tab. 9.6 Stellen generationengerecht bewerben

	Babyboomer	Generation X	Generation Y	Generation Z
Beliebte Medien	schauen auf Anzeigen in renomierten Tageszeitungen oder gelegentlich im Internet	mögen Jobbörsen, Bewerbungsportale, Praxiswebsites oder Fachmedien	stehen auf Social Web 2.0, Blogs, Video- und Bewertungs-portale, ggf. Online-Events	bevorzugen Social Web 2.0, Video-portale, E- oder mobiles Recruiting
Offline-Kontakte	haben Kontakte zur Agentur für Arbeit, Personalvermittlungen und Headhuntern	setzen auf Headhunter	kennen ggf. Hochschul-Bewerbermessen, provokatives, innovatives, sogenanntes Guerilla-Recruiting	haben Kontakte zu ehemaligen Mitschülern, Schulen, Kolleginnen etc.
Netzwerke	persönliche Netzwerke	Berufsbezogene Online-Netzwerke	Soziale Netzwerke	Soziale Netzwerke
Worauf zu achten ist	Branchen-/ Berufs-erfahrung, Vergütungsbestandteile, mgl. Zusatzleistungen, z. B. Altersvorsorge, Diensthandy	die Heraus-forderungen und die Zielsetzungen, die die Stelle bietet, sowie Weitere-t-wicklung und möglicher-weise flexible Arbeits-Zeiten	achten auf Praxiskultur, Aufstiegsmöglichkeiten, flexible Arbeitsgestaltung und den Spaßfaktor am Arbeitsplatz	mögen Praxiskultur, Lernmöglichkeiten, Praktika oder einen Tag der offenen Tür
Ton der Ansprache	fachbezogen, freundlich, höflich	professionell, faktenorientiert	informell, locker, auf Augenhöhe	informell, locker, visuelle Bildsprache

diejenigen mit hohem Marktwert werden dann auch schnell von der Konkurrenz weggeschnappt (s. Tab. 9.7).

Wertschätzende Eingangsbestätigung Alle Bewerbungen sollten umgehend eine wertschätzende Eingangsbestätigung erhalten, mit dem Hinweis, wie es wann weitergeht, also wann genau mit welchem konkreten nächsten Schritt zu rechnen ist.

Transparenter Auswahlprozess Anschließend erfolgt eine Sichtung der eingegangenen Bewerbungen und eine erste Vorauswahl nach vorab festgelegten Kriterien. Alle Kandidat*innen, die für die zu besetzende Stelle nicht infrage kommen, werden umgehend informiert, mit einer kurzen guten Begründung. Da es sein kann, dass abgelehnte Bewerber*innen möglicherweise später für eine andere Stelle passen könnten, ist es wichtig, zu erfragen, ob die Unterlagen behalten werden dürfen, sowie sich für das Interesse und Vertrauen zu bedanken. Alle, die in die nächste Runde kommen, werden ebenso informiert, zusätzlich mit dem Hinweis, wie es nun weitergeht, z. B. einer Einladung zu einem Onlinetest, einem Telefonat oder Zoom-Call oder direkt einem Vorstellungsgespräch. Alle, die nach diesen weiteren

Tab. 9.7 Generationen im Bewerbungsverfahren

	Babyboomer	Generation X	Generation Y	Generation Z
Auswahlprozess	Sind möglicherweise mit Auswahlprozessen vertraut	Schätzen flexible Termingestaltung und zeitliche Planbarkeit im Auswahlprozess	Fordern Transparenz, Glaubwürdigkeit und Tempo; Feedback ist extrem wichtig	Sind oft noch unerfahren im Umgang mit Auswahlprozessen
Bewerbung	Klassische Papier-bewerbungen, Online-Bewerbungen können abschrecken	Akzeptieren E-Mail/ Online-Bewerbungen und virtuelle Auswahlver-fahren	Kennen multimediale Auswahlverfahren	Finden sich in multimedialen Auswahlverfahren zurecht
Kommunikation	Telefon, Briefpost	E-Mail	Soziale Medien	Soziale Medien
Vorbereitung	Gründliche Vorbereitung (Material lesen)	„Just in time"-Vorbereitung (gezielte Recherche)	Minimale Vorbereitung (browsen, online)	Unterstützte Vorbereitung (Eltern/Schule)
Fragen Sie im Interview nach…	Erfahrung, Stärken, beruflichen Zielen	Karrierezielen und Job-Vorstellungen	Persönlichen Werten und Entwicklungswünschen	Stärken und Lernzielen
Sprechen Sie im Interview an	Finanzielle Alters-vorsorge, gesundheits-fördernde Zusatz-leistungen, Ruhestands-regelungen	Flexible Arbeitsmodelle, Weiterentwicklungs-möglichkeiten, langfristige Karriere-aussichten	Flexible Arbeitsmodelle, Praxiskultur, kurz-/ mittelfristige Karriere-schritte, Verdienst-aussichten	Praxiskultur, detaillierte Erwartungen des Arbeitgebers, angebotene Leistung erklären

Schritten nicht mehr infrage kommen, werden mit einer wertschätzenden Begründung informiert und ebenso gefragt, ob die Unterlagen behalten werden dürfen, für später freiwerdende Stellen. Am Ende des Prozesses ausgewählte Kandidat*innen können zu einem Probearbeitstag eingeladen werden.

Frühzeitige Bindung aussichtsreicher Kandidat*innen Gegen Ende des Bewerbungsprozesses ist es noch wichtiger, aussichtsreiche Bewerber*innen informiert und eingebunden zu halten, damit sie sich nicht in letzter Minute anderweitig orientieren. Konkrete Perspektiven, z. B. Fortbildungsangebote aber auch Praxisteam-Events können helfen, gute Interessent*innen frühzeitig an die Praxis zu binden. Selbst Mitarbeiter*innen, die bereits Arbeitsverträge abgeschlossen haben, wechseln manchmal noch woanders hin, wenn sie sich entweder nicht wirklich willkommen und eingebunden fühlen oder woanders deutlich attraktivere Angebote und persönlichere Ansprache erhalten („war for talents"). Daher beginnt das Onboarding von neuen Kolleg*innen nicht erst am ersten offiziellen Arbeitstag, sondern mit Abschluss des Arbeitsvertrages, möglicherweise schon etwas davor (s. Tab. 9.8).

Tab. 9.8 Recruiting-Trends 2018. (Quelle: Institute for Competitive Recruiting ICR, eigene Darstellung)

Tool	Bedeutung
Anbau von Erfahrenen	↗
Arbeitgeberimage	→
Professionalisierung der Personalbeschaffung	↑
Nutzung der sozialen Medien	↑
Berufserfahrung der Bewerberin	→
Aktive Suche	↗
Auswahlverfahren	↑
Beziehung zu Führungskräften	↑
Steuerung von Beschaffungsmaßnahmen	↑
Beziehungspflege zu Talenten	↑

9.5.2 Onboarding oder Einarbeitung

Bereits nach Beendigung des Auswahlprozesses und vor Unterzeichnung des Arbeitsvertrages kann einer*einem neuen Kolleg*in die Praxis gezeigt und sie*er den anderen Teammitgliedern vorgestellt werden. Es folgt eine erste Einführung, die*der Neue lernt ihren*seinen Arbeitsplatz kennen, bekommt den Newsletter bzw. Zugang zum Intranet. Mit Unterschrift des Arbeitsvertrages erhält sie*er ggf. ihre*seine E-Mail-Adresse, falls vorgesehen eigene Visitenkarten, notwendige Hardware, Benutzungsrechte für die Praxissoftware und sonstige Ausstattung wie z. B. Arbeitskleidung. Liegt zwischen der Unterzeichnung des Arbeitsvertrages und dem ersten Arbeitstag noch einige Zeit, z. B. weil sie*er woanders erst kündigen muss, dann wird die*der neue Mitarbeiter*in bereits auf Praxisveranstaltungen wie z. B. Weihnachtsfeiern eingeladen und kann ggf. bereits stundenweise z. B. durch eine*n ausscheidende*n Kolleg*in, deren*dessen Stelle sie*er übernimmt, eingearbeitet werden (Abschn. 9.3). Sie*Er erhält vorab eine Informationsmappe mit sämtlichen Kontakten und Informationen zu Arbeitszeit, Arbeitsort und Arbeitssicherheit. Bei mehreren neuen Mitarbeiter*innen können Informationstage und Einführungsveranstaltungen sinnvoll sein. Sehr große Medizinische Versorgungszentren beschäftigen für diese Prozesse in ihrer Personalabteilung Onboarding-Manager*innen.

Ansonsten wird die*der neue Mitarbeiter*in ab dem ersten Arbeitstag anhand eines Einarbeitungsplans samt Schulungsunterlagen und Praxishandbuch fachlich eingewiesen, idealerweise von einer Fach- oder Führungskraft, die eine ähnliche Verantwortung trägt und sich mit den damit einhergehenden alltäglichen Abläufen gut auskennt. Zusätzlich bekommt die*der neue Mitarbeiter*in nach Möglichkeit eine*n erfahrene*n Kolleg*in als Mentor*in an die Seite gestellt, die*der sie*ihn in die Praxiskultur einführt und an die*den sie*er sich bei persönlichen Fragen jederzeit wenden kann. Gleichzeitig wird sie*er von allen Mitarbeiter*innen willkommen geheißen und mit in die Mittagspause oder zum Feierabendbier genommen, damit sie*er sich im Praxisteam bald wohlfühlt.

Entstehen durch den Neuzugang neue Teamkonstellationen, sind Teambuilding-Events hilfreich. Sie fördern die Teamentwicklung und beugen Konflikten vor (Kap. 8). Die Wahrscheinlichkeit, dass neue Kolleg*innen in der Praxis bleiben und nicht schon während der Probezeit kündigen, steigt enorm mit einem guten und umfassenden Onboarding-Prozess. Nach ca. sechs Monaten bzw. mit Ende der Probezeit ist das Onboarding abgeschlossen. Mentor*in, Führungskraft und ggf. Personalverantwortliche führen in dieser Zeit regelmäßige Feedbackgespräche mit der*dem neuen Kolleg*in, damit eine engmaschige Betreuung und persönliche Begleitung gewährleistet sind. Um gute Mitarbeiter*innen zu halten, bleiben auch danach eine permanente aktive Einbindung in das Praxisteam sowie regelmäßige Feedbackgespräche wichtig (s. Tab. 9.9).

9.6 Kündigung, Ausscheiden oder Offboarding – oder: Vorbei ist noch nicht ganz vorbei

Biggi drückte sich schon eine Zeit lang vor dem Büro von Müller und Schlosser rum, bevor sie den Mut hatte, hineinzugehen und ihren Wunsch zu formulieren. Sie war über die Jahre älter geworden, fühlte sich zwar nach wie vor verantwortlich, aber die letzten Monate, die Veränderungen, die sie gemeinsam durchgestanden hatten, die Zukunft, die mit Schlosser dahergekommen war, der Abschied von dem einen oder anderen lieben Menschen … – all das hatte Spuren bei Biggi hinterlassen, und sie war sich sicher, dass sie gern kürzertreten würde und ihren Abschied bald einleiten wollte. Biggi war mehr als erleichtert, als sie ihre Gedanken ausgesprochen hatte. Es fühlte sich an, als wäre ihr eine zentnerschwere Last von den Schultern genommen worden.

Tab. 9.9 Generationengerechte Einarbeitung

	Babyboomer	Generation X	Generation Y	Generation Z
Vor dem 1. Tag	Greifbares Material im Voraus zur Verfügung stellen	Vorabinfos im Internet verfügbar machen	Interaktives Online-Onboarding mit Spaßfaktor gestalten	Web-2.0-Inhalte, visuelle Formate, mobil konsumierbar
Präferenz	Persönliche Einweisung von Kolleg*innen	Zweckmäßige E-Learning-Elemente und Self-Service	Austausch mit Gleichgesinnten, Buddys, Mentoring	Lernen von kompetenten Profis, persönlich virtuell
Im Vordergrund steht…	Fachliche Einarbeitung, soziale Integration	Fachliche Einarbeitung, Effizienz	Soziale Integration, spannende Aufgaben, Abwechslung	Lernkurve, individuelle Betreuung
Pluspunkte gibt es für…	Eine frühzeitige Orientierung zu internen Hierarchien und Strukturen	Einen bezugsfertigen Arbeitsplatz, Zugriff auf Ressourcen und Ansprechpartner*innen	Einführungsveranstaltungen mit Entertainment-Charakter	Genaue Anweisungen und klar kommunizierte Erwartungen
Der besondere Tipp…	Ein zu Beginn ausgehändigter „Onboarding-Fahrplan" vermittelt Struktur, Sicherheit und ermöglicht eine sorgfältige Vorbereitung	Ein frühzeitige Zielvereinbarung und Einführung in Performance-Management klärt Verantwortlichkeiten und Prozesse zur Leistungsbeurteilung	Unverzügliches Feedback und kurzweiliger, spielerischer Wissenstransfer mit Spaßfaktor fördern eine frühzeitige emotionale Bindung	Anleitung und Unterstützung anbieten und nicht unbedingt viel Eigeninitiative erwarten, Zler sind es gewohnt „bespaßt" zu werden

„Ja", dachte sie, „das war richtig. Das war der Lauf der Zeit."

Die Jahre, so kam es Biggi zumindest vor, die Jahre waren an ihr vorbeigeeilt. Sie war älter, klüger, erfahrener, aber auch müde geworden.

So kam es, dass sie während ihres letzten Urlaubes, den sie wie schon so oft davor mit einer guten Freundin auf einem Kreuzfahrtschiff verbracht hatte, der Entwicklung ins Auge geschaut hatte. Viele Gespräche und Seemeilen danach wusste Biggi, dass sie ihr Ausscheiden vorbereiten und mit den Inhabern abstimmen wollte.

Müller wusste nicht, wie ihm geschah.

„Eine Praxis ohne Biggi? Wie sollte das gehen?", fragte er sich.

Schlosser war da anders. Er hörte zu. Er verstand. Er war es, der Biggi am Ende des Gespräches, das aus ihrer Sicht sehr angenehm und ruhig verlief, fragte, was sie sich denn genau vorstellen würde.

Biggi wollte etwas weniger arbeiten, Aufgaben teilen, nicht mehr für alles und jeden verantwortlich sein, Kolleginnen – wenn die denn wollten – coachen und ihr Leben mehr genießen, mehr für ihre Mutter da sein, mehr reisen und, wer weiß, vielleicht kaufe sie sich ja einen Hund.

Schlosser war irgendwie auch erleichtert, denn so würde es sicherer werden, dass Lisa blieb, wenn Biggi sich zurücknehmen würde. Allen dreien war daran gelegen, dass dieser Bitte Biggis in deren Sinne entsprochen werden würde. Das war der Lauf der Zeit.

Offboarding umfasst alle Maßnahmen, die mit einem bewusst gestalteten Trennungsprozess verbunden sind, also wenn eine Mitarbeiter*in die Arzt- oder Zahnarztpraxis verlässt, aus welchen Gründen auch immer (Kündigung, Auslaufen eines befristeten Arbeitsvertrages oder bevorstehender Ruhestand). Neben administratorischen Aspekten umfasst das Offboarding auch soziale Komponenten, nämlich die Verabschiedung aus dem Praxisteam.

Zeichnet sich eine Trennung ab, ist – zum Beispiel in größeren Einheiten wie Berufsausübungsgemeinschaften oder (Zahn-)Medizinischen Versorgungszentren – zunächst die Buchhaltung bzw. die*derPersonalverantwortliche zu informieren, damit die Abwicklung vorbereitet werden kann (z. B. hinsichtlich des Resturlaubs). Danach werden sämtliche verbleibende Kolleg*innen kurz informiert. Kündigt ein*e Mitarbeiter*in von sich aus, ist es für die Arzt- bzw. Zahnarztpraxis interessant zu erfahren, was die Gründe sind, idealerweise in einem persönlichen Austrittsgespräch. Umgekehrt wird im Falle einer arbeitgeberseitigen Kündigung die*der Betreffende klar über die wesentlichen Gründe informiert.

Danach wird ein wertschätzendes Arbeitszeugnis erstellt, und die scheidende Mitarbeiter*in kann um eine Bewertung auf Kununu und anderen Arbeitgeber*innenportalen gebeten werden. Gehen Praxis und Mitarbeiter*in im Guten auseinander, ist dies förderlich für die Attraktivität als Arbeitgeber*in und signalisiert gleichzeitig den verbleibenden Kolleg*innen eine wertschätzende Haltung im Umgang mit Arbeitskräften. Auch werden etwaige Ansprechpartner*innen der*des scheidenden Kolleg*in kurz informiert, z. B. Investor*innen, Lieferant*innen, Geschäftspartner*innen. Bei dieser Gelegenheit kann auch gleich die*der Nachfolger*in vorgestellt bzw. angekündigt werden.

Rechtzeitig vor dem letzten Arbeitstag erfolgt die Übergabe aller Aufgaben an die*den Nachfolger*in bzw. vorübergehend zuständige Kolleg*innen. Es werden sämtliches Wissen archiviert sowie alle Kontakte dokumentiert (Abschn. 9.3). Benutzerrechte, Zugänge und E-Mail-Accounts werden gesperrt bzw. gelöscht und etwaige praxiseigene Ausstattung wird zurückgegeben. Eine feierliche Verabschiedung der*des scheidenden Kolleg*in mit dem ganzen Praxisteam samt kleiner Aufmerksamkeit von der Praxisleitung kann zu einem positiven Ausklang beitragen und einen letzten wertschätzenden und professionellen Eindruck als Arbeitgeber*in hinterlassen. Auch nach der Verabschiedung kann es sinnvoll sein, weiterhin Kontakt zu halten, als Teil des Praxisnetzwerkes, was z. B. für zukünftige Empfehlungen von Kandidat*innen interessant sein kann oder möglicherweise sogar für einen späteren Wiedereinstieg (s. Tab. 9.10).

Tab. 9.10 Erwartungen der Generationen an Praxen als Arbeitgeber

	Babyboomer	Generation X	Generation Y	Generation Z
Einsicht	wollen ihren Lebensabend genießen und deshalb nicht bis zur Rente Vollzeit arbeiten, sondern ihre Arbeitszeit in den letzten Arbeitsjahren reduzieren	Xler zu verlieren, schmerzt besonders, denn sie sind in der Regel auf dem Höhepunkt ihrer Leistungskraft, haben Erfahrung und Wissen angehäuft.	umfängliche Auswertung von Exit-Interviews kann helfen, negative Trends in der Praxis zu erkennen und rechtzeitig gegenzusteuern	kommunizieren ausgiebig untereinander und tragen auf diese Weise entweder positiv oder negativ zum Arbeitgeberimage unter Gleichaltrigen bei
Umdenken	Eine „Ganz oder gar nicht"-Verrentung ist zu überdenken, denn Babyboomer sind bereit, weiterhin erwerbstätig zu sein, wenn sie die Arbeitszeit vorher stufenweise reduzieren können.	„Goldene Handschellen" haben ausgedient; sie vermeiden weder, dass Beschäftigte innerlich kündigen, noch, dass deren neue Arbeitgeber sie aus bestehenden Verträgen auslösen.	Ein Jobwechsel ist positiv, denn er bringt neue Impulse, neues Wissen und vertieft Branchenkenntnisse, die Mitarbeiter*innen später einmal wieder mitbringen, wenn sie zurückkommen.	Statt junge Mitarbeiter*innen um jeden Preis zu binden, können sie mittels „Kündigungsprämie" dazu animiert werden, sich bewusst für eine Praxis zu entscheiden.

Wie oben beschrieben, kann es auch zu einer Kündigung kommen, die von der Praxisleitung ausgeht. Eine solche Beendigung des Arbeitsverhältnisses durch die Praxisinhaber*in ist ein traumatisches Erlebnis und gehört für den*die Mitarbeiter*in fast immer zu den härtesten Schlägen in ihrem*seinem Berufsleben.

Weil Praxisinhaber*innen wissen, dass eine Entlassung für eine*n Mitarbeiter*in und deren*dessen Angehörige fundamentale Folgen haben kann, tun sich viele Arbeitgeber*innen und Führungskräfte schwer, eine Entlassung auszusprechen oder überhaupt nur ins Auge zu fassen. Eine Trennung erfolgt nur, wenn triftige Gründe vorliegen, denn sie ist definitiv das letzte Mittel für eine Lösung. Der Volksmund dagegen weiß: „Lieber ein Ende mit Schrecken als ein Schrecken ohne Ende." Denn:

- Eine Verhaltensänderung oder eine Leistungsverbesserung zu erreichen, ist gescheitert.
- Andere Mitarbeiter*innen haben unter diesem Verhalten zu leiden.
- Die*der Mitarbeiter*in und ihr*sein Verhalten behindert oder gefährdet die Zielerreichung der Praxis.

Das Entlassungs- oder Kündigungsgespräch zu führen, ist Sache der Praxisleitung. Als Führungskraft macht es keinen Sinn, sich hinter Ausreden oder höherer Gewalt zu verstecken, wenn es darum geht, unangenehme Botschaften zu übermitteln. Diese Form der Gespräche gehört zum Führungsalltag. Es liegt in der

Natur der Sache, dass der*die Betreffende meist ahnungslos ist oder sich zumindest so gibt: „Ich habe keine Ahnung, weshalb …“ Ein*e Entlassene*r wird sich selbst eine eigene Wahrheit zu den Geschehnissen konstruieren. Vor diesem Hintergrund ist es sinnvoll, die unangenehme Botschaft kurz, knapp und „knallhart“ zu übermitteln. Es gibt keine Diskussionen mehr.

Es kommt immer wieder vor, dass Praxisinhaber*innen im Vorfeld oder im Nachgang in Gewissensnöte kommen. Das ist verständlich und äußert sich unter anderem darin, dass ausgesprochene Kündigungen zurückgenommen wurden – nicht wegen juristischer Mängel, sondern weil man es noch „ein letztes Mal“ versuchen will.

Doch kann es hilfreich sein, sich zu fragen, wie eine Führungskraft wahrgenommen wird, die klare Entscheidungen scheut. Wie wirkt Inkonsequenz auf die übrigen Kolleg*innen, die bleiben?

Es kann förderlich sein, sich zu verdeutlichen, dass Mitarbeiter*innen ihr Gehalt für die Mitarbeit an der Zielerreichung der Praxis – als gute Spieler*innen in einem Team – beziehen. Wird dies nicht geleistet, gibt es keinen Platz mehr in der Praxis. Die Erfahrung aus der Beratungspraxis hat überdies gezeigt: Wer keine harten Entscheidungen treffen kann, sollte nicht führen.

Wie kann ein Trennungsgespräch (s. Tab. 9.11) aufgebaut sein, das von der Leitung ausgeht?

Tab. 9.11 Leitfaden Kündigungsgespräch

Schritt	Inhalt
1	kurzer, positiver Gesprächseinstieg „Schön, dass Sie kommen konnten.“
2	negative Tatsache(n) neutral ansprechen „Dies … (Umstände schildern) entspricht einmal mehr nicht dem, was wir miteinander vereinbart haben.“
3	Ich-Botschaften „Mein Gefühl dabei wird zunehmend schlechter. Ich möchte, dass wir uns auch zukünftig noch in die Augen schauen können.“
4	unwiderrufliche Kündigung kommunizieren „Ich kündige deshalb das Arbeitsverhältnis mit Ihnen gemäß Kündigungsfrist … (Frist angeben) zum … (Datum). Diese Entscheidung ist unwiderruflich.“
5	konkreter Verbleib „Sie werden mit sofortiger Wirkung freigestellt.“ oder (falls das nicht in Frage kommt) „Was werden Sie in der verbleibenden Zeit tun, damit ich bei möglichen Anfragen ein gutes Wort für Sie einlegen kann?“
6	Begleitung Lassen Sie den Betroffenen nach dem Entlassungsgespräch nicht allein. Organisieren Sie, dass jemand bei ihm ist.
7	Nachgespräch anbieten „Wir können später noch miteinander reden.“

9.7　Betriebliches Gesundheitsmanagement – oder: Ohne Gesundheit ist alles nichts

Corona. Corona. Corona. Wo man hinhörte dieser Tage, immer stieß man auf Corona. Die Sorge um eine mögliche Erkrankung machte auch in der Praxis von Müller und Schlosser nicht halt. Eine ganze Teamsitzung verwendeten sie darauf, sich gemeinsam mit ihren Mitarbeiterinnen zu überlegen, wie sie gut mit dieser Pandemie und ihren Auswirkungen umgehen konnten. Alles sollte so organisiert werden, dass sowohl die Mitarbeiterinnen als auch die Patient*innen und die Inhaber stets ausreichend sicher waren. Zu Beginn der Krise hatte die Praxis damit zu kämpfen, dass einige Patient*innen einfach nicht kamen oder absagten. Das ging so ungefähr zwei, drei Wochen. Doch dann, dann ging es wieder los. In der Praxis hatte man sich mit Schichtsystem, medizinischen Masken, ausreichend Desinfektionsmitteln, Ansprache an die Patient*innen, Handschuhen, Spuckschutz, Abstand im Wartezimmer bzw. Bestellpraxissystem u. Ä. m. vorbereitet und eingerichtet. Das ging.

Müller und Schlosser war es wichtig, dass ihre Mitarbeiterinnen sich in dieser Zeit sicher fühlen konnten und durften. Das kam sehr gut an. Im frühen Sommer werteten sie in einer gemeinsamen Teamsitzung aus, was in der Krise hilfreich war und bei neuerlichem Aufflammen wieder genutzt werden sollte, was zu viel war und wegbleiben konnte und was ggf. fehlte, weil man es nicht gewusst hatte und zukünftig berücksichtigt werden sollte. Eine „Neuerung" die sehr gut ankam, war die Kinderbetreuung für die Mütter in ihrer Belegschaft. Sie sorgte dafür, dass Lisa und Sophia nicht zu Hause bleiben mussten, um ihre Kinder zu betreuen, sondern in die Praxis kommen konnten, weil dort für die Kinder gesorgt wurde. Das war mal eine gute Sache.

Die Arbeitsumgebung kann den Gesundheitszustand von Arbeitnehmer*innen wesentlich beeinflussen, daher gibt es zahlreiche gesetzliche Vorschriften zur gesundheitsgerechten Arbeitsgestaltung, die im Rahmen eines nachhaltig wirksamen und umfassenden betrieblichen Gesundheitsmanagements umgesetzt werden. Hierdurch werden dauerhaft und langfristig betriebliche Rahmenbedingungen, Strukturen und Abläufe entwickelt, die eine gesundheitsförderliche Gestaltung von Arbeit und Organisation ermöglichen. Diese gesetzlichen Vorschriften sind zwingend und deren Einhaltung wird durch die zuständigen Berufsgenossenschaften verstärkt überprüft. Je nach Zeitpunkt und Interventionsmaßnahme werden drei verschiedene Präventionsstufen unterschieden, die zusammen den klassischen „Präventionsdreiklang" im Sinne von § 5 Arbeitsschutzgesetz (ArbeitSchG) bilden.

Primärprävention Primärprävention bedeutet laut Arbeitsschutzgesetz die Vermeidung von Gefahren durch umfassende Verbesserung der Arbeitsbedingungen und Arbeitsorganisation. Zuerst wird hierbei am System angesetzt (Verhältnisprävention), danach erst bei den Mitarbeiter*innen (Verhaltensprävention).

Verhaltensprävention meint das, was im Einflussbereich der Arbeitnehmer*in liegt, also was sie selbst in die Hand nehmen und verändern könnte.

Verhältnisprävention meint den Präventionsansatz, der sich am Veränderungspotenzial in den Arbeitsbedingungen und Organisationsstrukturen orientiert. Nach einer umfassenden partizipatorischen Gefährdungsanalyse und -beurteilung sind das Ziel organisatorische Veränderungen, Umverteilung der Arbeit, Konfliktmanagementsystem (Abschn. 4.6), Personalentwicklung, Fort- und Weiterbildung, Coaching von Führungskräften und Supervision von Teams.

Sekundärprävention Als Sekundärprävention wird die Früherkennung arbeitsbezogener Erkrankungen in Bezug auf Tätigkeit und soziale Beziehungen im Unternehmen bezeichnet. Ziel ist die konkrete Verbesserung der Arbeitssituation und somit die Verringerung der psychischen Belastung. Arbeitsbedingungen, Arbeitssituationen, aber auch konkrete Tätigkeiten und soziale Beziehungen sind die vier wesentlichen Faktoren, die entscheidenden Einfluss auf arbeitsbedingte Erkrankungen haben.

Tertiärprävention Aufgabe der Tertiärprävention ist die gute Wiedereingliederung von Arbeitnehmer*innen nach langer Krankheit. Seit 2004 sind Arbeitgeber*innen verpflichtet, länger erkrankten Beschäftigten ein *betriebliches Eingliederungsmanagement* (BEM) anzubieten. Das BEM dient dem Erhalt der Beschäftigungsfähigkeit und sichert durch frühzeitige Intervention die individuellen Chancen, den Arbeitsplatz zu behalten. Gesetzlich verankert ist das BEM in § 167 Absatz 2 Neuntes Buch Sozialgesetzbuch (SGB IX). Dort ist festgelegt, dass ein*e Arbeitgeber*in allen Beschäftigten, die innerhalb eines Jahres länger als sechs Wochen ununterbrochen oder wiederholt arbeitsunfähig sind, ein BEM anzubieten hat. Das bedeutet, dass Arbeitgeber*innen klären müssen, „wie die Arbeitsunfähigkeit möglichst überwunden werden und mit welchen Leistungen oder Hilfen erneuter Arbeitsunfähigkeit vorgebeugt und der Arbeitsplatz erhalten werden kann."

Wie diese Klärung im Detail auszusehen hat, gibt § 167 Absatz 2 SGB IX bewusst nicht vor. In jeder Praxis und in jeder Dienststelle sind angemessene individuelle Lösungen zu finden. Gesetzlich vorgegeben ist – bei Zustimmung des*der Betroffenen – lediglich die Beteiligung der zuständigen Interessenvertretung der Beschäftigten (Betriebs- oder Personalrat), bei schwerbehinderten Beschäftigten außerdem die Beteiligung der Schwerbehindertenvertretung. Weiter sollen Werks-

Tab. 9.12   Phasen aktiven Gesundheitsmanagements

4. Evaluation
- Überprüfung von Zielerreichung und Wirtschaftlichkeit
- Reporting

1. Bedarfsanalyse
- Erhebung der Gesundheits- und Belastungssituation
- Aufnahme laufender Maßnahmen

3. Intervention
- Konzeption von Maßnahmen
- Durchführung und Steuerung des Handlungsprogramms

2. Programmplanung
- Definition von Zielen, Aufgaben und ggf. Schwerpunktzielgruppen
- Gewinnung von Partner*innen

oder Betriebsärzt*innen hinzugezogen werden, wenn dies erforderlich ist. Zum BEM gezwungen werden die Beschäftigten nicht; die Teilnahme ist stets freiwillig (s. Tab. 9.12).

Und so kann es gehen

Es war ein schöner, lauer Frühlingsabend und überraschend warm, obwohl es erst Mai war. Müller und Schlosser genossen es, bei ihrem Lieblingsitaliener draußen zu sitzen und den Arbeitstag ausklingen zu lassen. Sie aßen gut, tranken einen schönen Tropfen, sprachen über Privates und irgendwie landeten sie dann doch bei Praxisthemen. Sie waren froh, sich damals auf den Weg gemacht zu haben, da waren sie sich einig. Ohne die Entscheidung für einen passenden Umgang mit Biggi und ihren Kolleginnen wäre ihre Praxis nicht fit für die Zukunft geworden. Das war jetzt anders, darauf waren sie stolz. Sie hatten sich Unterstützung von einem Beratertandem geholt, die ihnen in den vielen neuen und ungewöhnlichen Situationen geholfen hatten, dran zu bleiben. Es war tatsächlich keine schnelle Sache, die eben mal nebenbei gemacht werden konnte. Es hatte auch nicht mit ihrer Kernkompetenz der Zahnheilkunde zu tun. Es ging um eine strategische Neuausrichtung im laufenden Praxisbetrieb. Es gab also keine Hauruck-Aktionen, die dann im Sande verliefen, sondern es gab eine situationsgerechte Analyse und einen Plan, der Schritt für Schritt entstand und umgesetzt wurde.

Müller und Schlosser hatten dabei selbst viel gelernt. Müller war sogar der Meinung, dass es ihm gut getan hätte, damals als er die Praxis von Schmidt übernommen hatte, das eine oder andere gewusst und berücksichtigt zu haben. Ihr Praxiscoachteam hatte ihm oft gesagt, dass die Zeit jetzt vermutlich reif gewesen sei und es damals, als er begonnen hatte, noch nicht so entscheidend war wie heute. Nun, Müller und Schlosser hatten ja auch nie wirklich gelernt, wie ein Unternehmen – manchmal nannten sie ihre Praxis so – aufzubauen ist. Das kam im Studium nicht vor. Vor diesem Hintergrund, das meinte ihr Coach, hatten sie beide nach bestem Wissen und mit bester Absicht gehandelt. Ihr Erfolg bestätigte dies. Der Coach machte zudem deutlich, dass die Strategien, die einen an eine bestimmte

I. Lütkehaus et al., *Generationenmanagement in Arzt- und Zahnarztpraxis*, https://doi.org/10.1007/978-3-658-29530-1_10

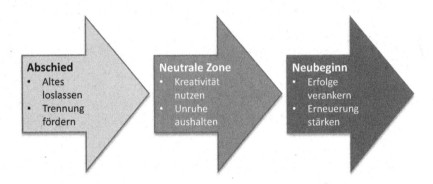

Abb. 10.1   Generationenmanagement auf den Weg bringen

Stelle gebracht haben, nicht zwingend die Strategien seien, die einen weiterbringen können. Daher war es angezeigt, etwas anderes zu tun. Getreu der Idee: „Wenn du mit einer bestimmten Strategie nicht weiterkommst, dann versuche eine andere, denn eine nicht passende Strategie wird auch nicht dadurch passender, dass man sie entschiedener verfolgt. "

10.1   Generationenmanagement auf den Weg bringen

Wie kann ein mögliches Fazit lauten? Wie bringt man Generationenmanagement in der Arzt- und Zahnarztpraxis auf den Weg? Wie gestaltet man „von Jung bis Alt ein starkes Team" (Abb. 10.1)?

10.2   Abschied nehmen von bewährten Mustern

Zuerst gilt es, Abschied zu nehmen von Altem, Liebgewonnenem. Für Praxis-inhaber*innen kann das bedeuten, dass ihre Nachfolger*innen die Praxis und die Mitarbeiter*innen in ihr anders führen, als sie es selbst taten, nicht besser, nicht schlechter, sondern anders. Dies ist nötig, um die Trends und Entwicklungen, von denen die Gegenwart geprägt ist, aufzunehmen und so die Zukunft zu sichern. Abschied ist häufig schmerzhaft und kann langwierig sein. Die Beratungserfahrung hat unter anderem gezeigt, dass der Abschied dann leichter fällt, wenn klar ist, was danach kommt bzw. wartet. Es soll Praxisinhaber*innen geben,

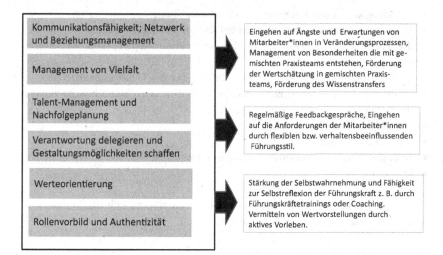

Abb. 10.2   Aufgaben und Kompetenzen für das Generationenmanagement

die weit über das Rentenalter hinaus arbeiten, weil sie sich nicht vorstellen können, was sie sonst tun sollen. Babyboomer sind es gewohnt zu leben, um zu arbeiten. Ältere Mitarbeiter*innen sind es nicht gewohnt, dass auf die Belange der Angestellten eingegangen wird, dass der Praxisalltag digitaler wird, dass sich die Kommunikation im Team verändert, dass ihre Meinung nur eine von vielen ist etc.

Immer häufiger greifen Arzt- und Zahnarztpraxen, aber auch (Zahn-)Medizinische Versorgungszentren das Thema der Generationenvielfalt auf. Zu Beginn stehen dann oft Teamsitzungen mit Kurzvorträgen, um die Mitarbeiter*innen über das Thema zu informieren und zu sensibilisieren. Am häufigsten ist aber die Haltung zu finden, nichts zu tun, um nicht das Falsche zu tun. Diese Einstellung hilft nicht, sondern fördert Reaktion, wo Aktion besser wäre.

Woran können Praxisinhaber und -inhaberinnen erkennen, dass es Bedarf für ein Generationenmanagement in ihrer Praxis bzw. medizinischen Einrichtung gibt? Was sind typische Symptome des demografischen Wandels und der Generationenvielfalt in der Praxis?

- Vermehrte Konflikte in der Zusammenarbeit von Jung und Alt,
- Verlust von Einsatzbereitschaft einzelner Mitarbeiter*innen,
- Schwierigkeiten in der Rekrutierung von jungen Mitarbeiter*innen,

- Schwierigkeiten im Halten junger Mitarbeiter*innen,
- Verstärkter Ausfall oder Fehlzeiten bei älteren Mitarbeiter*innen,
- drohender Wissensverlust durch den vermehrten Abgang von Wissensträger*innen,
- Überforderung von Führungskräften im Umgang mit Generationenvielfalt,
- Schwierigkeit, Führungskräfte, Nachfolger*innen oder Menschen zu finden, die in Führungsverantwortung gehen mögen,
- Mangel an Innovationskraft,
- Mangel an Offenheit für Neues,
- Schwierigkeiten, Veränderungsprozesse umzusetzen,
- und vieles mehr.

Diese und andere Symptome lassen den Schluss zu, dass es Zeit ist, Abschied zu nehmen und sich auf den Weg zu machen.

10.3   Den Übergang gestalten

In die neutrale Zone kommen Praxen, wenn Praxisinhaber und -inhaberinnen gemeinsam mit ihren Mitarbeiter*innen, Kolleg*innen oder Coaches kreativ werden und sich Gedanken darüber machen, wie genau ein generationenübergreifender Praxisalltag aussehen kann.

Ein Beispiel aus dem Beratungsalltag:

Eine Praxis in Göttingen bzw. deren verantwortliche Praxisinhaber waren bereit, Zeit und Geld in die Zukunftsfähigkeit ihrer Praxis zu investieren. Sie hatten ein umfangreiches Veränderungsprojekt im Rahmen der Initialisierung von Wissenstransfer gestartet. Damals drohte massiver Wissensverlust, weil ältere Mitarbeiter*innen, die eigentlich nie Zeit für eine passende Einarbeitung hatten, die Praxis verlassen würden. Den Inhabern wurde klar, dass es weder Arbeitsprozessbeschreibungen, Einarbeitungspläne und Stellenbeschreibungen noch Verantwortlichkeiten o. Ä. gab. Immer wieder kam es zu Wissens- und Kompetenzlücken und in der Folge zu Streitereien, ohne dass sich eine Besserung abzeichnete. Wissen war in den Köpfen und dadurch implizit bei den älteren Mitarbeiter*innen. Gingen diese, würden Wissen und Erfahrung mit ihnen gehen. Ein Supergau.

Ebenfalls wurde den Praxisinhabern – sie hatten die Praxis mit allem, was es an Rechten und Pflichten gab übernommen – deutlich, dass das Durchschnittsalter der Mitarbeiter*innen kontinuierlich gestiegen war. Auf jüngere Mitarbeiter*innen waren sie als Praxisleitung nicht eingestellt. Die steigende Belastung durch den Patient*innenansturm sorgte zusätzlich für Spannungen, Krankenstand und Nervereien. Diese Unruhe galt es auszuhalten. Die Praxis befand sich im Umbruch. In dieser Phase fanden die Inhaber Unterstützung und Begleitung bei einem Beratungsunternehmen. Es wurden eine erste Analyse erarbeitet, Handlungsfelder und erste Ergebnisse kommuniziert. Es brauchte auf überschaubare Sicht eine Sensibilisierung für eine generationsbewusste Führung, eine Steigerung der Produktivität, Ideen für ein strukturiertes Wissensmanagement, eine generationengerechte Aus- und Weiterbildung und eine Praxiskultur, die bewusst die Unterschiede der Generationen nutzt und dies nach innen und außen kommuniziert. Diese Erwartungen führten dazu, dass zum Beispiel folgende Projektziele vereinbart wurden:

- Steigerung des Bewusstseins und der Akzeptanz der unterschiedlichen Generationen,
- Förderung der Zusammenarbeit verschiedener Altersstufen,
- generationengerechtes Führen,
- strukturierter, nachvollziehbarer Wissenstransfer,
- Überführung von individuellem in kollektives Wissen,
- Steigerung der Attraktivität als Arbeitergeber in der Region,
- Berücksichtigung der unterschiedlichen Bedürfnisse der Generationen,
- etc.

Die beschriebene Praxis verfügt heute über einige Tools, die dafür sorgen, dass die damaligen Projektziele auch weiterhin erreicht oder übertroffen werden. Wie selbstverständlich verfügt diese Praxis inzwischen über:

- ein Managementhandbuch, das erfolgreich etabliert ist,
- regelmäßige Teamsitzungen,
- Mitarbeitergespräche, die zur Alltagsroutine gehören,
- klar abgegrenzte Praxisbereiche,
- eine Führung, die führt,
- regelmäßig Weiterbildungsveranstaltungen.

Darüber hinaus hat das Praxisteam klar definierte, herausfordernde Ziele und sinnvolle Aufgaben. Es ist fachlich kompetent und beherrscht die neuesten, aber auch zweckmäßigen Arbeitsmethoden und -techniken. Wenn das Praxisteam aus guten Mitarbeiter*innen besteht und der Kompetenzmix stimmt, gilt das Prinzip der Selbstverantwortung der Mitarbeiter*innen. Das Praxisteam soll gewinnen, aber auch der interne Wettkampf muss sein. Es gilt, auf natürliche Teambildung und

Offenheit zu setzen. Erfolgserlebnisse sind wichtig, damit sich eine Gruppenidentität herausbilden kann. Emotionalität fördert das Führungsklima, die interne Kommunikation – besonders die informelle – und legt damit die Basis für die Praxiskultur des Informationsaustausches in der künftigen Zusammenarbeit. Die Praxisinhaber setzen auf:

- Augenhöhe statt Unterordnung,
- Vielfalt statt Gleichschaltung,
- Teamleistung statt Einzelkämpfertum,
- gemeinsam statt auf Anordnung,
- glücklich statt getrieben,
- bewusst unterschiedlich statt erwünscht ähnlich.

Dabei fordern und fördern sie Mitarbeiter*innen gezielt, kommunizieren verständlich, hören aktiv zu, beziehen Position und treffen Entscheidungen, geben und fordern Feedback, schaffen den Rahmen für Engagement, geben Orientierung, übergeben und übernehmen Verantwortung. Sie treiben Veränderungen an und begleiten sie. Sie fördern das Lernen und den Wissensaustausch. Sie stellen Vielfalt und Mobilität sicher. Die Praxisinhaber haben gelernt, dass Menschen heute arbeiten, um zu leben, und nicht umgekehrt, Produktivität misst sich nicht in Arbeitsstunden, sondern in Umsatz. Vor diesem Hintergrund versuchen sie, wo immer es geht, folgende Leitsätze zur Arbeitszeit zu berücksichtigen:

- Flexible Arbeitszeitmodelle stellen ein Gleichgewicht zwischen praxisbezogenen Anforderungen und privaten Bedürfnissen her, daher suchen wir mit unseren Beschäftigten gemeinsam nach individuellen, passgenauen Lösungen.
- Produktivität ist mehr als Präsenz, daher arbeiten wir an einer Praxiskultur, die Ergebnisse in den Mittelpunkt stellt.
- Führungs- und Familienverantwortung müssen miteinander kompatibel sein, daher sind wir offen für neue Arbeits(zeit-)modelle, auch für Führungskräfte.
- Einige Arbeiten können auch an anderen Orten erledigt werden, daher sind wir offen und unterstützen mobiles Arbeiten, wann immer es möglich ist.
- In jedem Erwerbsleben gibt es Phasen mit besonderen (familiären) Herausforderungen, daher ist es unser Ziel eine bestmögliche Rücksichtnahme und Unterstützung zu gewährleisten.
- Von familienbewusster Arbeitszeitgestaltung profitieren nicht immer alle gleich, daher gebührt denen, die ihre Kolleg*innen bei der Vereinbarkeit unterstützen unsere besondere Anerkennung und Wertschätzung.

- Verlässliche Kommunikationszeiten sind unverzichtbar, daher halten wir Präsenztermine und Meetings in der Zeit gesicherter Betreuung ab.
- Nachhaltige Leistungsfähigkeit setzt Pausen voraus, daher respektieren wir Wochenenden beziehungsweise Zeiten, in denen Beschäftigte nicht erreichbar sind.

10.4 Erfolge feiern und verankern

Gemeinsam mit allen Mitarbeiter*innen starteten die Praxisinhaber einen Neubeginn. Die erarbeiteten Neuerungen werden gepflegt und weiterentwickelt. Dazu dienen regelmäßige Mitarbeiter*innengespräche, Teamsitzungen, Praxisworkshops, Fort- und Weiterbildungen und Klausurtagungen, in denen die Strategie der Praxis regelmäßig überprüft und bei Bedarf angepasst wird. Den Beteiligten war und ist klar, dass der Neubeginn zerbrechlich ist und die damit verbundenen Änderungen Verständnis, Zeit und breite Akzeptanz benötigen. Besonders stolz ist man in der Praxis auf die Wertschätzung und den Respekt füreinander. Davon profitieren alle Beteiligten, auch und gerade die Patient*innen.

Zusammenfassend benötigen Praxen für ein gelingendes Generationenmanagement folgende Aufgaben und Kompetenzen (Abb. 10.2).

Zum Schluss.

Die Sonne schien, es roch nach Abenteuer. Die E-Bikes sind in Ordnung, das Gepäck verstaut. Die Alpen warteten. Biggi würde die Auszeit genießen. Vier Wochen ohne Arbeit, so etwas hatte sie noch nie erlebt, das hatte sie sich noch nie getraut. Sie war glücklich, als Müller und Schlosser ihr Mut gemacht und sie ermunterten hatten, sich Zeit für sich selbst zu nehmen.

Besonders glücklich war Biggi aber über Lisa. Lisa war in den vergangenen Wochen und Monaten gewachsen, reifer geworden. Ja, Lisa hatte das Zeug zu einer sehr guten Praxismanagerin. Es stimmte, neue Besen kehren gut.

Biggi machte sich auf den Weg zum Aussichtspunkt, wo eine Bank verlockend auf sie wartete ...

„Der Generationswechsel ist mehr als nur die Staffelübergabe" – Interview mit Nora Zumdick

Nora Zumdick ist Referentin für Gesundheitsmärkte und Gesundheitspolitik bei der apoBank, die das Thema „Generationswechsel Heilberufler" in einer neuen Studie unter die Lupe genommen hat. Das Interview mit ihr führte Dr. Isabell Lütkehaus.

Frau Zumdick, was war der Anlass für Ihre Generationen-Studie?
Ganz einfach: die Aktualität. Denn die deutsche Gesellschaft altert – und mit ihr altern auch die Ärzte. Jeder dritte Mediziner in eigener Praxis ist aktuell 60 Jahre und älter. Wir können uns also ausrechnen, dass ein entsprechend hoher Nachbesetzungsbedarf und damit in den nächsten fünf bis zehn Jahren ein Generationswechsel ansteht. Allerdings gestaltet sich die Nachfolgersuche vor allem auf dem Land immer schwieriger. Warum? Vor allem in der Medizin, einer Profession, in der 40 % der Studierenden der Berufswahl ihrer Eltern oder Verwandten folgen und die somit vergleichsweise häufig „weitervererbt" wird. Die Antwort ist: Wie in allen Lebensbereichen auch, möchte die junge Generation viele Dinge anders machen als ihre Vorgänger. Das kenne ich selbst nur zu gut.

Sie zählen ja selbst auch zur Generation Y…
… genau, als Jahrgang 1988 bin ich mittendrin. Über diese Generation gibt es viele Studien und wir wissen, dass sie vor allem eins bewegt: Unabhängigkeit. Flexibilität und Freiheit werden großgeschrieben, wir hinterfragen aktuelle Begebenheiten und zukünftige Entscheidungen und der Wandel ist unser ständiger Begleiter – denn wir haben Angst, etwas zu verpassen. Die Millenials, die die Jahrhundertwende bewusst miterlebt haben, wollen sich selbst verwirklichen, mitgestalten, den Sinn finden und dabei vor allem nicht stehen bleiben. Work-Life-Balance ist unser Stichwort, dabei passiert es auch, dass beide Parts zunehmend miteinander verschmelzen. Nicht

I. Lütkehaus et al., *Generationenmanagement in Arzt- und Zahnarztpraxis*, https://doi.org/10.1007/978-3-658-29530-1_11

zuletzt durch die Digitalisierung, die wir als Digital Natives spielerisch verinnerlicht haben, und die uns gefühlt die Welt zu Füßen legt – wenn auch manchmal nur via Social Media. Auf der anderen Seite sind viele von uns aber auch unsicher, brauchen Perspektiven und sorgen sich um eine Zukunft in Altersarmut und Klimachaos.

Und wem begegnet diese Generation auf der anderen Seite?
Den Gegenpool bildet die Generation meiner Eltern, die sogenannten Babyboomer. Sie wurden in den 1950er- und 1960er-Jahren in eine Gesellschaft hineingeboren, die nach harten Nachkriegsjahren langsam wieder Oberwasser gewann. Sie glaubten an eine bessere Zukunft und waren bereit, hart dafür zu arbeiten. Zielstrebig und fleißig prägten sie den Begriff des „Workaholic" und waren oft die Ersten in der Familie, die Abitur machten oder eine Universität besuchten. Ihr Ziel war materielles Vermögen und Wohlstand und ihr Erfolg spiegelte sich in einer steigenden Geburtenrate wider. Sie sind sicherheitsliebend und beständig. Was vielen hingegen fremd ist, ist das hektisch moderne Leben, genau wie vegane Ernährung, Anglizismen, eine politisch- oder gendergerechte Sprache oder der Trend, Besitztümer zu teilen anstatt sie zu kaufen.

Hört sich nach viel Konfliktpotenzial an – wie äußert sich das in den Heilberufen?
In der gegenwärtigen Versorgung spielt die ältere Heilberufsgeneration, vor allem im ambulanten Bereich, noch eine entscheidende Rolle. Viele von ihnen werden sich aber in nächster Zeit mit dem Gedanken an die Praxisabgabe auseinander- setzen müssen. Auf der anderen Seite steht für die jüngere Generation die Frage nach der eigenen Praxis auf der Agenda. Allerdings geht sie mit anderen Motiven, Bedürfnissen und Vorstellungen an den Heilberuf heran. Sie möchte gewachsene Strukturen aufbrechen und ihren Lebensentwurf aktiv mitgestalten. Deshalb wollten wir wissen, was Jung und Alt verbindet – und wo die Meinungen auseinandergehen.

Und – ticken die Generationen so unterschiedlich?
Klassisches Jein. Zunächst einmal sehen wir, dass die Gründe für die Berufswahl bei den jungen Kollegen vielfältiger werden. Menschen zu helfen und die Faszination am Beruf bleiben zwar ausschlaggebend, jedoch werden zunehmend Verdienstmög- lichkeiten und der Wunsch nach Selbstverwirklichung als Motive genannt. Auch die Selbsteinschätzung von Jung und Alt in ihrer Rolle als Arzt geht an einigen Stellen deutlich auseinander. So beschreiben sich die älteren Jahrgänge eher als karriere- orientiert, drei von fünf ordnen sich als analog ein und zwei Drittel würden sich als Einzelkämpfer einschätzen. Die Young Professionals hingegen zeichnen ein gegensätzliches Bild: Der Stellenwert der Arbeit nimmt ab, sie geben Familie und

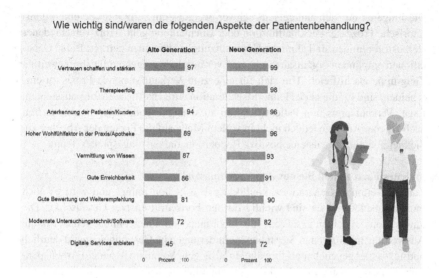

Abb. 11.1 Aspekte der Patientenbehandlung

Freizeit mehr Raum, sind zukunftsorientiert und arbeiten lieber im Team. Die neue Generation der Ärzte ist digitaler, familienorientierter und therapiebezogener.

Therapiebezogener – also ändert sich auch die Patientenbehandlung?
Absolut, auch wenn beide Kohorten eine vertrauensvolle Beziehung zu ihren Patienten pflegen und der Therapieerfolg an oberster Stelle steht. Spätestens in Bezug auf den Einsatz moderner Untersuchungstechniken und digitaler Services werden die Generationsunterschiede deutlich. Befragte der jüngeren Altersgruppe ist der Wohlfühlfaktor in der Praxis, die Vermittlung von Wissen, eine gute Erreichbarkeit sowie eine positive Bewertung und Weiterempfehlung wichtiger als ihren älteren Kollegen. Der Patient rückt demnach in einen anderen Fokus – und mehr auf Augenhöhe (Abb. 11.1).

Sie haben in Ihrer Studie auch nach den Vorstellungen von Praxisabgebern und Praxisgründern gefragt. - Wie passen diese zusammen?
Wir stellen fest, dass Gründung und Abgabe verschiedene Herausforderungen bereithalten. Für die Älteren liegen diese in der Abgabe per se, also dem Finden eines geeigneten Übernehmers und dem Wunsch, einen guten Verkaufspreis zu erzielen.

Die Jüngeren tun sich andererseits schwer, wenn es um bürokratische und organisatorische Prozesse, Personalführung oder Buchhaltung geht. Trotz verschiedener Herausforderungen sind ähnliche Unterstützungsmaßnahmen gefragt: Beide Generationen empfinden organisatorische und vermittelnde Angebote für ihre jeweilige Zielgruppe als hilfreich. Um sich für eine zum Verkauf stehende Praxis zu entscheiden, sind für die neue Heilberufsgeneration wirtschaftliche Erfolgsaussichten, Lage, Verkaufspreis und Patientenstamm ausschlaggebend. Diese Punkte treffen nach eigener Aussage jedoch nicht in vollem Maße auf die Praxen der Abgeber zu. Sie bieten dafür oftmals eine positive Reputation und ein eingespieltes Team.

Welches Fazit ziehen Sie aus den Ergebnissen?
Zunächst einmal: Generationenkonflikte gab es schon immer und wird es auch immer geben – und sie sind wichtig für den Fortschritt unserer Gesellschaft. Die jungen Leute möchten gestalten – das sieht man, wenn man einmal genauer in die Auswertung hineinschaut. Sie stehen Veränderungen im Gesundheitsmarkt deutlich optimistischer gegenüber als ihre älteren Kollegen. Vor allem in puncto Arbeitspensum, Gestaltungsspielraum und der Vereinbarkeit von Beruf und Familie nehmen die jungen Heilberufler mehr Verbesserungen in den letzten 20 bis 30 Jahren wahr.

Unsere Studie soll für diese Unterschiede zwischen den Generationen sensibilisieren. Und sie soll Impulse für Lösungen geben, wie der bevorstehende Wechsel erfolgreich gelingen kann. Denn der Generationswechsel ist mehr als nur die Staffelübergabe. Die Herausforderung dabei ist, System, Branche und Berufsausübung nach den Vorstellungen der Jüngeren zu modifizieren, die Veränderungen aber gleichzeitig so zu gestalten, dass sie auch die Älteren mittragen. Das geht nur gemeinsam durch generationsübergreifendes Engagement, indem man sich offen begegnet, voneinander lernt und sich auf die Gemeinsamkeiten besinnt. Denn was unsere Heilberufsgenerationen eint, ist der Wunsch zu helfen und zu heilen. Dieser wird sie antreiben, eine Medizin des Miteinanders zu gestalten.

Liebe Frau Zumdick, wir danken Ihnen für das Interview und die damit verbundenen Eindrücke. Dankeschön.
Zur Methodik: Die Onlinebefragung „Generationswechsel Ärzte" wurde im Juli und August 2020 von der apoBank in Kooperation mit DocCheck Research durchgeführt. Insgesamt wurden 800 Ärzt*innen zwischen 25 und 70 Jahren befragt, davon jeweils 200 Hausärzt*innen, Fachärzt*innen, Zahnärzt*innen und Apotheker*innen.

Nora Zumdick ist Referentin für Gesundheitsmärkte und Gesundheitspolitik in der apoBank. Mit ihrem kommunikationswissenschaftlichen Hintergrund beschäftigt sich die 32-Jährige mit aktuellen Entwicklungen im Gesundheitsmarkt, verantwortet Studien und Projekte und ist als Referentin bei Veranstaltungen zu Gast. Neben dem Generationswechsel in den Heilberufen untersuchte sie in der Vergangenheit unter anderem die Vereinbarkeit von Familie und Heilberuf und die Digitalisierung im Gesundheitsmarkt.

Literatur

Arbeit und Alter, Zwölf Tipps zu alternsgerechtem Führen, ohne Jahr. https://www.arb eitundalter.at/cms/Z03/Z03_50.4.2.1/fuehrung/alternsgerechte-fuehrung/zwoelf-tipps. Zugegriffen: 29. Jan. 2021

Berne, E. (2002). *Spiele der Erwachsenen* (20. Aufl.). Hamburg: Rowohlt Taschenbuch Verlag.

Bourdieu, P. (1976). *Entwurf einer Theorie der Praxis,* Berlin.

Calmbach, M., Flaig, B., Edwards, J., Möller-Slawinski, H., Borchard, I., & Schleer, C. (2020). *Wie ticken Jugendliche? Sinus-Jugendstudie 2020. Lebenswelten von Jugendlichen im Alter von 14 bis 17 Jahren in Deutschland,* Bundeszentrale für politische Bildung 2020.

DENTAL team. (2015). Jede Dritte bricht ZFA-Ausbildung ab, 30.11.2015; https://www.den tal-team.de/work/vermischtes/jede-dritte-bricht-zfa-ausbildung-ab. Zugegriffen: 29. Jan. 2021.

Eberhardt, D. (2018). *Generationen zusammen führen,* Freiburg i. B.

Festinger, L. (1954). A theory of social comparison processes. *Human Relations, 7,* 117–140.

Gabler Wirtschaftslexikon, Eintrag „Management" von Haric, Peter, Version vom *14.02.2018.* https://wirtschaftslexikon.gabler.de/definition/management-37609/version-261043. Zugegriffen: 29. Jan. 2021.

Glasl, F. (2016). *Konfliktmanagement* (1. Aufl.). Freies Geistesleben Verlag.

Haas, O. (2012). *Generationenmanagement: Chancen und Grenzen von kooperativen Modellen generationenübergreifender Arbeitsprozesse, Bachelorarbeit.* Norderstedt: GRIN Verlag.

Hersey, P., & Blanchard, K. (1982). *Management of organizational behaviour* (4. Aufl.). New Jersey: Prentice-Hall.

Huth, D. (2019). *Wertschätzung.* Offenbach: GABAL Verlag.

Institut für Demoskopie Allensbach. (2013). *Jacobs Krönung-Studie. Generationenbilder. Ergebnisse einer bevölkerungsrepräsentativen Befragung,* Allensbach.

Klaffke, M. (2014). *Generationen-Management.* Wiesbaden: Springer Gabler.

Kock, S. F. (2015). *Management für die Arzt- und Zahnarztpraxis.* Heidelberg: Finanz-Colloquium.

Kock, S. F. (2019). *Wir müssen reden....* Wiesbaden: Springer Gabler.

Krumm, R. (2019). *Werteorientiertes Führen* (3. Aufl.). Offenbach: GABAL Verlag.

© Der/die Herausgeber bzw. der/die Autor(en), exklusiv lizenziert durch Springer Fachmedien Wiesbaden GmbH, ein Teil von Springer Nature 2021
I. Lütkehaus et al., *Generationenmanagement in Arzt- und Zahnarztpraxis,*
https://doi.org/10.1007/978-3-658-29530-1

Krumm/Wittig. (2020). Teamkultur, GABAL Verlag, Offenbach 2020.

Kring/Hurrelmann. (2019). *Die Generation Z erfolgreich gewinnen, führen, binden.* NWB Verlag GmbH & Co. KF, Herne.

Laufer, H. (2013). *Praxis erfolgreicher Mitarbeitermotivation.* Offenbach: GABAL Verlag.

Lawrence, B. (1984). *Age Grading: The implicit organizational timetable,* S. 23.

Lorenz, I., & Haselbach, M. (2017). *Feedbackkompetent für Führungskräfte,* grow.up-Reihe, Gummersbach.

Mangelsdorf, M. (2015). *Von Babyboomer bis Generation Z: Der richtige Umgang mit unterschiedlichen Generationen im Unternehmen, GABAL Verlag, 2.* Offenbach: Auflage.

Mannheim, K. (1928). *Das Problem der Generationen,* Nürnberg.

McDonald's Deutschland (Hrsg.). (2019). *Die McDonald´s Ausbildungsstudie 2019, Kinder der Einheit Same Same but (still) different,* München.

McGregor, D. (1960). *The human side of enterprise.* McGraw Hill Higher Education.

Mele, T. (2021). Teamerfolg durch Psychologische Sicherheit, ohne Jahr. https://dodiff erent.com/unternehmenskultur/psychologische-sicherheit-der-schluessel-zum-teamer folg. Zugegriffen: 29. Jan. 2021.

Mörstedt, A.-B. (2020). *In Straßer/Lütkehaus Cross Generational Intelligence,* Freiburg i.B. 2020, S. 57.

N.N. Diversity und Generationenmanagement. Wie können Führungskräfte künftig multidemografische Teams erfolgreich führen?, Studienarbeit, GRIN Verlag, Norderstedt 2019

Pekruhl, U., Vogel, C., & Strohm, O. I. (2018). *Personalmanagement in kleinen Unternehmen.* Heidelberg: Springer Gabler.

Peters, C., & Wiedemann, K. (2021). Warum Menschen immer wieder auf die Jugend schimpfen. NRZ, 31.08.2018. https://www.nrz.de/leben/warum-menschen-immer-wieder-auf-die-jugend-schimpfen-id215223467.html. Zugegriffen: 29. Jan. 2021.

Riederle, P. (2017). *Wie wir arbeiten und was wir fordern.* München: Droemer Verlag.

Oertel, J. (2007). *Generationemanagement in Unternehmen.* Wiesbaden: Deutscher Universitäts-Fachverlag.

PricewaterhouseCoopers AG (Hrsg.). (2010). Fachkräftemangel Stationärer und ambulanter Bereich bis zum Jahr 2030. Frankfurt.

Quarch, C., & König, E. (2013). *Wir Kinder der 80er (1. Aufl.).* München: Riemann Verlag.

Quintessenz News. https://www.quintessenz-news.de/mehrpraxen-suchen-weniger-fachkr äfte-sind-auf-der-suche/. Noch freie Ausbildungsplätze in Arzt- und Zahnarztpraxen, ohne Jahr.

Riemann, F. (1961). *Grundformen der Angst.* München: Verlag Ernst Reinhardt.

Rump, J., & Eilers, S. (2014). *Demografieorientiertes Personalmanagement.* Köln: Wolters Kluwer Deutschland GmbH.

Schmitz, B., & Billen, L. (2012). *Lösungsorientierte Mitarbeitergespräche (4. Aufl.).* München: Redline Verlag.

Scholz, C. (2014). *Generation Z: Wie sie tickt, was sie verändert und warum sie uns alle ansteckt.* Weinheim: Wiley-VCH Verlag & Co. KGaA.

Schröder-Kunz, S. (2019). *Generationen (gut) führen.* Wiesbaden: Springer Gabler.

Schulenberg, N. (2016). *Führung einer neuen Generation.* Wiesbaden: Springer Gabler.

Seite „Wertschätzung". In: Wikipedia, Die freie Enzyklopädie. Bearbeitungsstand: 4. Dezember 2020, 17:06 UTC. https://de.wikipedia.org/w/index.php?title=Wertsch%C3%A4tzung&oldid=206227493. Zugegriffen: 29. Jan. 2021.

Siegroth, N. (2018). *Ist Reverse Mentoring ein sinnvolles Instrument für Generationen-Management und wie sollte es als solches implementiert werden?* Bachelorarbeit: GRIN Verlag, Norderstedt.

International, S. (Hrsg.). (2013). *Generation Y.* Düsseldorf: Das Selbstverständnis der Manager von Morgen.

Sorgalla, M. (2015). Intergenerationelles Lernen. Der DIE-Wissensbausteine für die Praxis. https://www.die-bonn.de/wb/2015-intergenerationelles-lernen-01.pdf. Zugegriffen: 29. Jan. 2021.

Stahl, E. (2017). *Dynamik in Gruppen,* Beltz Verlag, 4. Aufl., Weinheim.

Steiner, C. (2001). *Emotionale Intelligenz.*

Straßer, U., & Lütkehaus, I. (2020). *Cross Generational Intelligence.* Freiburg: Haufe-Lexware GmbH & Co. KG.

Tavolato, P. (2016). *Aktives Generationen-Management.* Stuttgart: Schäffer-Poeschel Verlag.

Thomann, C. (2004). *Klärungshilfe 2. Konflikte im Beruf: Methoden und Modelle klärender Gespräche. Vollständig überarbeitete und erweiterte Neuausgabe,* Rowohlt Taschenbuch Verlag, Reinbek bei Hamburg.

Tuckman, B. W. (1965). Developmental sequence in small groups. *Psychological Bulletin, 63,* 384–399.

Von Kanitz, A. (2015). *Feedbackgespräche, Haufe-Lexware GmbH & Co. KG,* 2. Aufl., Freiburg.

Werther, S. (2015). *Einführung in Feedbackinstrumente in Organisationen.* Wiesbaden: Springer Fachmedien.

Wirtschaftskammer Wien: Von den Babyboomern zur Generation Y. Tipps für erfolgreiches Generationenmanagement. Wien 2015. https://www.wko.at/service/w/netzwerke/Von-den-Baby-Boomern-zur-Generation-Y.html. Zugegriffen: 29. Jan. 2021.

Webseiten-Verzeichnis

https://de.wikipedia.org/wiki/Delegation_(Organisationskonzept)

www.statista.com

https://de.wikipedia.org/ wiki/ Respekt
https://news.kununu.com/studie-toxische-fuehrung-ist-in-deutschen-unternehmen-keine-seltenheit/
https://www.kbv.de/html/qep-newsletter.php
https://www.kzbv.de/facebook-fanseite-fuer-die-praxis.751.de.html
https://www.bundesaerztekammer.de/ueber uns/landesaerztekammern/ aktuelle-pressemitteilungen/news-detail/medizinische-versorgung-von-morgen-balance-zwischen-wertschoepfung-und-wertschaetzung/

https://www.zm-online.de/archiv/2020/14/praxis/cheffing-die-fuehrung-von-unten/
https://www.arzt-wirtschaft.de/?s=mitarbeiterf%C3%BChrung

Printed in the United States
by Baker & Taylor Publisher Services